中国快速公交

发展实录

蔡健臣◎主编

内 容 提 要

本书详细介绍了2005—2015年全国各地快速公交系统的发展情况。全书内容包括快速公交发展概述，北京、杭州、常州等21个城市快速公交的规划、建设、运营情况以及各地快速公交获得的主要荣誉和统计资料。这些内容全面体现了国内快速公交的发展现状，为快速公交的发展提供了可复制的案例。

本书可供分管公共交通的政府部门、公共交通行业的专家学者、公共交通企业的员工阅读，对规划、建设和运营快速公交具有参考价值。

图书在版编目（CIP）数据

中国快速公交十年发展实录 / 蔡健臣主编 . — 北京 : 人民交通出版社股份有限公司 , 2017.3

ISBN 978-7-114-12508-9

Ⅰ . ①中… Ⅱ . ①蔡… Ⅲ . ①公共汽车—快速定线客运—概况—中国 Ⅳ . ① U492.4

中国版本图书馆 CIP 数据核字（2017）第 035503 号

Zhongguo Kuaisu Gongjiao Shinian Fazhan Shilu

书　　名：中国快速公交十年发展实录
著 作 者：蔡健臣
责任编辑：刘　博
出版发行：人民交通出版社股份有限公司
地　　址：（100011）北京市朝阳区安定门外外馆斜街3号
网　　址：http：//www.ccpress.com.cn
销售电话：（010）59757973
总 经 销：人民交通出版社股份有限公司发行部
经　　销：各地新华书店
印　　刷：北京虎彩文化传播有限公司
开　　本：787×1092　1/16
印　　张：12
字　　数：216千
版　　次：2017年3月　第1版
印　　次：2019年5月　第2次印刷
书　　号：ISBN 978-7-114-12508-9
定　　价：68.00元

#《中国快速公交十年发展实录》
编　委　会

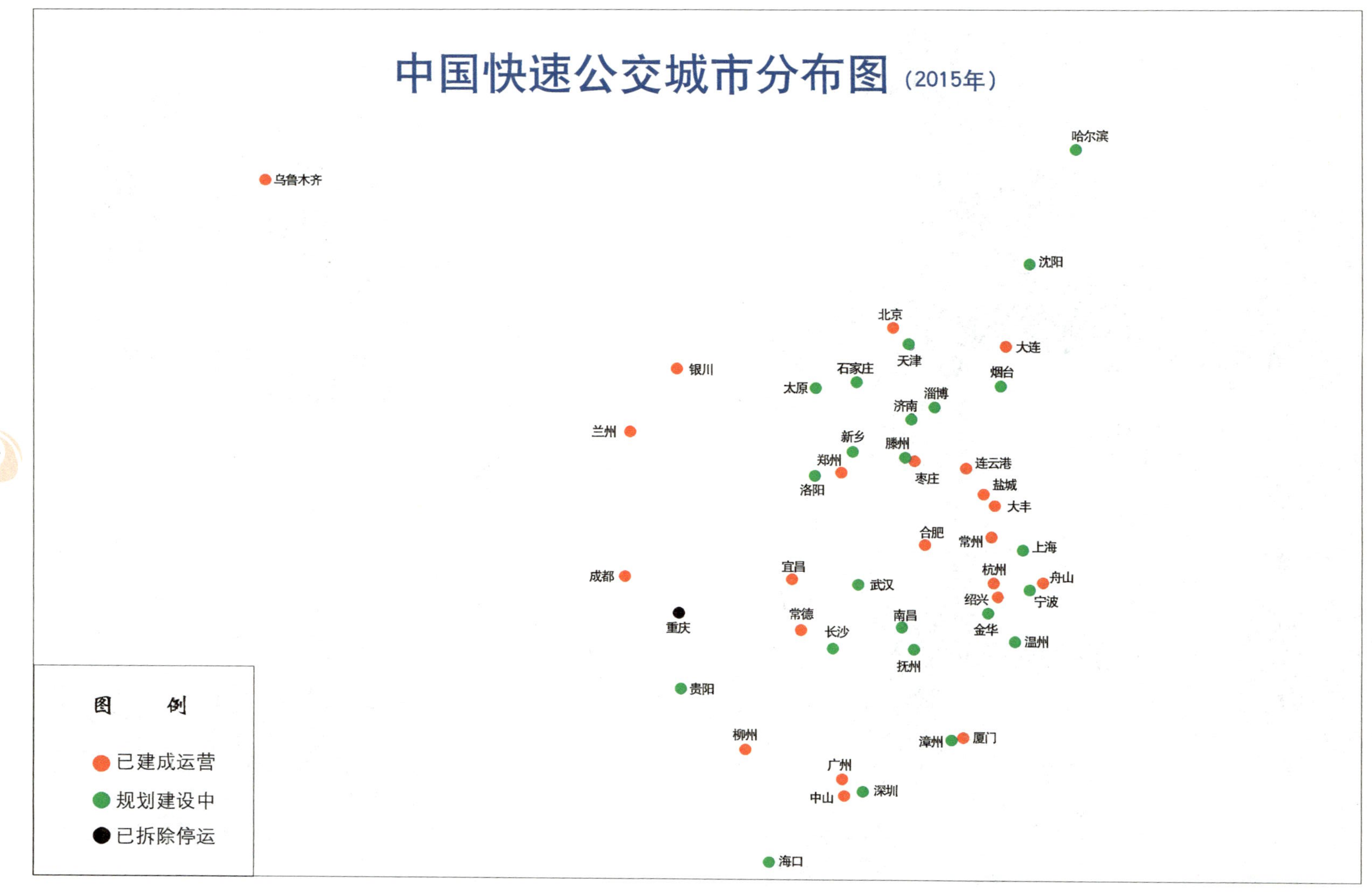
中国快速公交城市分布图（2015年）
哈尔滨
乌鲁木齐
沈阳
北京
天津
大连
银川
石家庄
太原
烟台
淄博
济南
兰州
新乡
滕州
郑州
枣庄
连云港
洛阳
盐城
大丰
合肥
常州
上海
成都
宜昌
武汉
杭州
舟山
绍兴
宁波
重庆
常德
南昌
金华
长沙
温州
抚州
贵阳
柳州
漳州
厦门
广州
中山
深圳
海口
图例
已建成运营
规划建设中
已拆除停运

★ 2014 年 9 月 26 日中国城市公共交通学会快速公交专业委员会成立大会

★ 中国土木工程学会领导参观中国快速公交十年成果展

★公交行业代表参观中国快速公交十年成果展

★参观中国快速公交十年成果展的专家、学者代表合影

★北京南中轴路快速公交车辆

★北京快速公交3线“大鲶鱼”新能源公交车辆

★ 大连快速公交车辆

★ 大连快速公交专用道

★常州快速公交一号线

★常州快速公交二号线

★连云港快速公交站台

★连云港快速公交系统雪中运营

★ 盐城快速公交俯瞰图

★ 盐城快速公交夜景

★杭州快速公交车辆

★杭州快速公交侧式站台

★绍兴快速公交车辆

★绍兴快速公交侧式站台

★金华快速公交系统

★金华快速公交纯电动车辆

★舟山快速公交侧式站台

★舟山快速公交车厢一景

★合肥快速公交一号线

★合肥快速公交示范服务标准

★厦门高架桥快速公交专用道

★厦门高架桥快速公交俯瞰图

★济南快速公交专用道

★济南快速公交站台

★枣庄快速公交站台

★枣庄快速公交车辆

★郑州快速公交专用道

★郑州快速公交站台

★宜昌快速公交站台

★宜昌快速公交站台内景

★常德快速公交系统

★常德快速公交车辆

★广州快速公交车辆

★广州快速公交专用道

★中山快速公交车辆

★中山快速公交专用道

★夜幕下的柳州快速公交

★ 柳州快速公交站台工作人员

★成都快速公交专用道

★成都快速公交系统俯瞰图

★兰州快速公交站台

★兰州快速公交站台内景

★银川快速公交专用道

★银川快速公交车辆

★乌鲁木齐快速公交系统

★乌鲁木齐快速公交专用道

序　一

快速公交是符合中国城市实际的公共交通创新模式。从 2005 年 12 月 30 日北京正式开通我国首条快速公交线路以来，快速公交在国内发展已逾 10 年。实践已经证明，快速公交系统能够满足公共交通可持续发展要求，是提高公共交通服务质量和服务水平的优选方式，是支撑和引导城市可持续发展的创新模式。

城市公共交通学会作为我国城市公共交通行业的科技学术性社团组织，长期致力于推动我国城市公共交通事业发展、促进“公交优先”政策落实、推进公共交通体制改革、推动公交新技术运用和学术交流。快速公交是学会重点推动的项目之一，早在 2002 年，学会六届四次理事扩大会议在国内首次系统引入快速公交系统（BRT）发展理念。2003 年以来，学会分别在昆明、上海、济南、常州等地召开“中国巴士快速交通发展战略研讨会”“中国巴士快速交通行动大会”“中国巴士快速交通运营实践大会”“中国巴士快速交通（BRT）成果交流会”等会议，广泛交流了快速公交建设运营的经验，推动了快速公交的蓬勃发展。2014 年 9 月 26 日，学会在枣庄召开“快速公交专业委员会成立大会暨全国快速交通学术交流会”，专门成立了快速公交专业委员会，为进一步推动快速公交发展做好了组织保障，搭建了发展交流的平台。

快速公交专业委员会成立以来，在各城市公交企业的大力支持下，完成了国内 24 个建成运营快速公交城市的系统调查，掌握了国内快速公交发展情况的第一手数据。在此基础上，快速公交专业委员会组织编纂的《中国快速公交十年发展实录》即将付梓出版。这也是快速公交发展中的一件大事、喜事，我代表学会表示衷心的祝贺，向付出辛勤劳动的工作人员和在编纂过程中提供支持的各级公交同行表示真诚的感谢。

目前，我们正昂首阔步开启“十三五”伟大征程。希望全国各地公交行业，积极落实优先发展公交的基本战略，全力推进城市公交体制机制改革和公交服务供给侧结构性改革，积极发展、科学发展快速公交，构建适应全面建成小康社会需求的现代化城市公共交通体系，为国民经济社会发展和进步提供优质的公共交通服务。

中国土木工程学会城市公共交通学会理事长　孙建平

序　二

快速公交系统是利用高品质专用公交车辆，运营在公共交通专用道路上，保持轨道交通的特性且具备常规公交灵活性的一种便利、快速的新型公共交通系统。2005 年 12 月 30 日，北京正式开通了我国首条快速公交线路，开创了快速公交在国内发展的全新模式。十多年来，通过各级地方政府的积极推动、公交行业组织的正确引导和众多专家学者的研究支撑，我国快速公交一直保持着良好的发展态势。截至 2015 年底，全国共有 24 个城市开通运营了快速公交，拥有快速公交车辆 6163 辆、线路长度 3081.2 公里、年客运量 14.32 亿人次。

由快速公交专业委员会组织编纂的《中国快速公交十年发展实录》以国内 24 个建成运营快速公交的城市为单位，结合各地实际背景，系统介绍了各地快速公交规划发展、建设运营的实践经验，总结提炼了各地快速公交发展的亮点和特色，是一本了解快速公交、研究快速公交、发展快速公交的专业书籍，为国内外发展快速公交提供了一大批可复制、可推广的典型案例。

当前，我国正步入全面建成小康社会的决胜阶段和深化“四个全面”战略布局的关键时期。城市公共交通服务将进入以结构调整、转型升级、提质增效为主要特征的发展阶段，就是要提高公交运营效率和服务水平，让公交车辆快起来、准起来，让出行服务便起来、优起来，满足市民多样化的出行需求。

快速公交是具备“两高一低”（高品质、高效率、低能耗）特点的城市公交创新模式，是符合城市经济社会可持续发展的公交方式。“十三五”时期，希望全国各地公交行业认真践行“创新、协调、绿色、开放、共享”发展理念，以创建国家“公交都市”为抓手，以改革创新为动力，共同推动快速公交的科学发展、创新发展，让市民群众出行需求具有更多获得感，共享公共交通优先改革发展的“红利”。

中国道路运输协会城市客运分会理事长　张国光

前　言

自2005年底北京开通全国首条快速公交线路以来，快速公交线路系统在国内形成了各具特色的发展模式。为全面总结国内快速公交的发展情况，2015年底，中国土木工程学会城市公共交通学会快速公交专业委员会启动了《中国快速公交十年发展实录》编纂工作。编纂过程中，我们开展了广泛深入的调查和现场走访，得到了北京、杭州、郑州、济南、乌鲁木齐、柳州、合肥等城市公交企业的大力支持，为确保本书的专业性、学术性、可复制性奠定了良好的基础。本书编纂工作得到了中国土木工程学会城市公共交通学会和中国道路运输协会城市客运分会各级领导的关心和指导。本书出版工作得到了人民交通出版社股份有限公司和江苏常隆客车有限公司的大力支持。在此，我们代表编委会对各级领导和公交企业表示衷心的感谢！

本书从策划、编纂、组稿、付梓历时一年多，经过数十次修编完善。由于编者水平有限，编写过程中难免有疏漏和不足之处，请各位领导和专家批评指正。由于种种原因，广州和成都快速公交的发展情况未收录书中，我们表示非常遗憾。

公交优先已成国策，快速公交大有作为。我们将积极践行“创新、协调、绿色、开放、共享”的发展理念，进一步夯实组织基础、凝聚发展合力、拓展交流平台、修编行业标准，为全国快速公交事业的发展尽绵薄之力！

编者

2016年12月26日

目　录

概　　述

快速公交系统发源于巴西库里蒂巴，是将改良的公交车辆运营在公共交通专用道路上，保持轨道交通的特性且具备常规公交灵活性、便利快速的一种公共交通系统。它结合了常规公交和轨道交通的优点，充分发挥了两者的比较优势，相比普通公交，快速公交具有运能大、效率高、优质服务的优点；与地铁、轻轨等轨道交通相比，具有建设成本低、周期短、机动灵活等优势。

2005年12月30日，北京正式开通了我国首条快速公交线路，开创了快速公交发展的全新模式。10年来，我国快速公交保持了良好的发展态势。

一、中国快速公交发展历程

（一）中国快速公交发展的政府推动

首次提出发展快速公交的会议。2004年5月19日，时任建设部副部长仇保兴在全国城市公共交通工作会议暨畅通工程表彰大会上指出“通过公交专用道建设，可以发展另一种大容量的、快速的公共交通即BRT系统”，要求“各地必须在今后五年内，选择若干个城市推行BRT系统，并希望北京、上海先行，在全国起到带动作用”。

首次提出发展快速公交的文件。2005年9月23日，《国务院办公厅转发建设部等部门关于优先发展城市公共交通意见的通知》（国办发〔2005〕46号）提出“适度发展大运量快速公共汽车系统”，由此揭开了快速公交系统在我国发展的序幕。

首次提出发展快速公交的规划。2011年，《交通运输:“十二五”发展规划》明确“积极发展地面快速公交系统”,“充分发挥轨道交通和快速公交（BRT）在城市交通系统中的骨干作用，300万人口以上的城市加快建设以轨道交通和快速公交为骨干、以城市公共汽电车为主体的公共交通服务网络；100万~300万人口的城市加快建设以公共汽电车为主体、轨道交通和快速公交适度发展的公共交通服务网络。”

首次提出发展快速公交的目标。2013年6月18日，交通运输部发布了《交通运输部关于贯彻落实〈国务院关于城市优先发展公共交通的指导意见〉的实施意见》（交运发〔2013〕368号），提出“市区人口100万以上的城市以及暂不具备建设城市轨道交通条件的城市，应积极推进快速公交系统建设，并逐步形成快速公交网络。力争到2020年，全国快速公交系统线网运营总里程达到5000公里”。

首次给予发展快速公交的政策支持。2013年7月15日，交通运输部发布了《交通运输部关于推进公交都市创建工作有关事项的通知》，通知提出“将创建城市快速公交运行监测系统建设纳入部支持范围。支持创建城市加快建设快速公交监控调度指挥系统、快速公交信息化应用系统和相关支撑系统等，并完善快速公交运行监测相关的技术标准规范”。

（二）中国快速公交发展的行业引导

首次系统引入快速公交发展理念。2002年11月，在中国土木工程学会城市公交学会六届四次理事扩大会议上,专题报告《巴士技术与城市公共交通系统的发展》介绍了BRT的概况。同期，上海召开的国际公共交通联会亚太区大会介绍了澳大利亚的布里斯班和悉尼以及印度的班加罗尔发展BRT的成功经验，国内首次系统引入BRT发展理念。

首次专题研讨快速公交建设项目（北京）。2003年3月，北京市交通委员会在北京举办了“北京快速公交发展战略研讨会”，邀请了包括有“快速公交之父”之称的巴西库里蒂巴前市长在内的国内外专家探讨在北京实施快速公交项目的必要性和可行性。此次会议对推动北京建设快速公交系统具有重要意义，对全国快速公交建设产生了深远影响。

首次正式发布快速公交行动纲要。2003年12月，中国土木工程学会城市公共交通学会和昆明市人民政府在昆明联合召开了“中国巴士快速交通发展战略研讨会”，通过了《中国巴士快速交通系统行动纲要》（昆明宣言）。

首次建立快速公交行业组织。2006年9月，中国城市公共交通协会快速公交专业委员会成立大会在杭州召开。同期举办中国BRT论坛，主题为“BRT的建设与发展”。

成立了快速公交专业委员会。2014年9月26日，中国土木工程学会城市公共交通学会在枣庄召开“快速公交专业委员会成立大会暨全国快速交通学术交流会”，成立了快速公交专业委员会，进一步推动快速公交发展。

（三）中国快速公交发展的项目进展

2005年12月30日，北京南中轴快速公交一号线正式开通，拉开了国内快速公交发展的序幕。2015年7月15日，宜昌快速公交B9线开通运营，至此，国内共有24个城市开通运营了快速公交（其中县级市——江苏大丰市于2015年已区划调整为盐城市区，除去该市共23个城市）。根据《2014年交通运输行业发展统计公报》，截至2014年底，全国快速公交车辆5339辆，同比增长19.1%；快速公交线路长度2790.3公里，增加37.7公里；快速公交年客运量14.7亿人次，同比增长34.7%。

（四）中国快速公交发展的学术研究

10年来，快速公交系统成为许多大中城市发展公共交通系统的青睐对象，也受到了国内外专家学者以及政府相关部门的认可。据不完全统计，专题研究快速公交的专著超过了9本，成功申报的各类专利超过10项，研究性论文超过500篇。这些研究成果，除了关注快速公交规划、建设、运营、后评估等宏观方面外，还更加注重专用车辆技术、信号优先、场站建设、运营控制等具体项目的研究，直接推动了中国快速公交的快速发展。

二、中国快速公交发展的阶段和特征

（一）快速公交发展阶段

1. 借鉴模仿阶段（2005 年 12 月以前）

昆明在中国快速公交发展方面做了很多有益的探索，特别是将公交专用道设置在道路中央。但总体而言，昆明快速公交更多的是对国外模式的借鉴和模仿，可以说是中国快速公交的雏形。

2. 广泛探索阶段（2005 年 12 月—2008 年 12 月）

在这一阶段，北京、杭州、常州、合肥、济南、厦门、大连、重庆8个城市结合自身城市的不同特点，对快速公交发展进行了积极的探索，并形成了各自具有代表性的发展模式。如北京作为中国第一个开通快速公交的城市，采用的是中央岛式站台；杭州作为第二个开通城市，采用的是路边侧式站台；常州作为第三个开通城市，采用的是路中侧式站台；济南采用的是高架下方左右开门式站台；厦门采用的是高架路专用道模式。

3. 快速发展阶段（2009 年 1 月至今）

在这一阶段，快速公交发展模式基本成熟，快速公交在全国得到快速发展，共有郑州、广州、枣庄、盐城等16个城市先后开通了快速公交。

（二）快速公交发展特征

1. 行政化

在中国快速公交发展过程中，政府所起到的行政推动作用非常明显。所以，政府的重视程度对于一个城市快速公交的发展成效非常重要。

2. 多样化

诸多城市在积极探索快速公交发展过程中，呈现出了明显的多样化特点，比如北京、杭州等。这种多样性有利于各个城市之间相互交流、取长补短。

3. 普适性

在中国快速公交10年发展过程中，大城市、中等城市、小城市都在同步推进。大城市如北京等，地铁网络非常健全，但是快速公交线路仍然运转得非常好；中等城市如常州，地铁正在建设，快速公交网络始终发挥着重要作用；小城市如枣庄等，目前没有地铁，快速公交也发展得很好。因此，快速公交10年的发展启示我们：作为一种特点鲜明、成效显著的公共交通方式，快速公交具有普遍适用性，完全可以与其他交通方式共存共荣，因此无论哪一个类型的城市，都可以根据自身的实际情况规划、发展自己的快速公交。

4. 高档化

从国际视角来看，中国快速公交的建设标准，尤其是外观和硬件方面是相对比较高档的。

（三）快速公交发展存在的问题

在规划方面：快速公交规划与城市综合交通的融合不够，不能实现很好地衔接和互补。

在设计方面：对硬件投入和外观设计的关注比较多，但对运营组织的设计和考虑相对不足。

在建设方面：过于追求工期最短化，对工程质量、安全、人性化等细节考虑不够。

在运营方面：综合运营效果一般，有待提升。

在管理方面：相关的法规、标准等比较滞后，与快速公交的发展不相适应。

三、中国快速公交发展的贡献

10年实践证明，快速公交对城市公共交通发展具有很强的示范意义。国内许多城市通过快速公交构建的骨架网络系统，形成了公共交通支撑和引导城市可持续发展的新模式。

（一）丰富了公交出行方式

2005年，北京首条快速公交开通，实现了中国快速公交零的突破。从此，各地的快速公交如雨后春笋般快速发展。2015年底快速公交系统已承担了400万人次的出行，日客运量在20万人次以上的城市有5个（北京、常州、郑州、厦门、乌鲁木齐），比例达到21.73%；快速公交日均客运量占全市日均客运量10%的城市有10个（常德、常州、连云港、柳州、乌鲁木齐、厦门、盐城、银川、枣庄、郑州），比例达到43.48%；其中分担比例达到30%的城市有5个，比例最高的连云港接近40%。

（二）改善了公交服务品质

快速公交网络基本覆盖了所在城市中乘客生产、生活的主要出行目的地，减少了换乘，保证了乘客出行的便捷性。快速公交拥有专用路权，特别是在早晚高峰，其准点率能够得到充分保障，按目前快速公交日均400万人次计算，每天可为乘客节约出行时间61.22万小时。国内城市快速公交主线普遍采用了18米型高档公交车，采用了空气悬架、低地板一级踏步、虎伯拉铰接盘等技术，保证了车辆运营的平稳性，保障了乘客乘坐的舒适性。根据部分城市快速公交后评估报告和第三方乘客满意度调查报告显示，市民对快速公交服务的整体满意度高于对常规公交的整体满意度。

（三）减轻了乘客出行负担

目前，在开通运营快速公交的城市中，83.33%的城市实现了网络化运营，普遍实施了刷卡优惠、换乘免费的政策，减少了乘客出行负担。统计数据显示，在快速公交与常规公交相同的票制票价基础上，快速公交的单人次收入为公交总体单人次收入的60%~90%。快速公交系统通过主线和支线组合运营的模式，方便乘客同台同向换乘，个别城市通过岛式站台实现了双向换乘。根据测算比例，在400万人次快速公交出行客流中，每天有48.19万人次享受了免费换乘服务。

（四）减轻了城市环保压力

快速公交通过专用路权、信息化等方式大大提高了运行效率和准点率，平均时速达到23公里左右，时速提高43.75%，减少了市民出行耗时，吸引了原先采用其他机动方式的客流改乘快速公交。快速公交网络建成后，覆盖了市民生产、生活的主要场所，在让贫民公交变为全民公交的同时，压缩了人均道路占用资源、降低了人均出行油料消耗、减少了人均出行尾气排放、减轻了城市生态压力。据不完全统计，快速公交建成后，通过车辆技术升级、减少怠速时间、提高周转效率、减少人均上车时间等途径，减少了大量的能源消耗，预计年节约燃料消耗9805.7万升，相当于减少碳排放70285吨。

（五）拉动了城市经济发展

国外有研究表明，每花1美元用于支持城市公共交通，其经济回报至少是4美元，多的高达6美元。我国的快速公交建设直接带动了沿线土地的增值，公交行业增加值直接贡献城市地区生产总值，间接带动了整车生产、车辆配套、工程建设、智能化产业等上游产业链的发展，激发了市民购物、休闲旅游等出行需求，并为社会创造了更多的工作岗位。综合考虑全国各地区的经济发展差异，按照全国平均数计算，24个城市投入的130亿元快速公交直接投资能带动483.6亿元的GDP产值，提供75.4万个就业岗位，增加税收92.77亿元。

（六）提升了城市文明形象

许多城市将快速公交的建设与城市建设和道路改造进行了整合，在用有限的财政资金打造城市交通快车道的同时，完成了道路及环境的美化。特别是快速公交靓丽的中间站、高品质的车辆、高效率的运输服务，成为很多城市一道靓丽的风景线和窗口名片。快速公交专用道可方便执行任务的消防车、救护车等特种车辆的快速通行，车辆、场站的视频监控系统可与城市应急指挥中心资源共享，减轻了城市应急压力。快速公交开通运营后，带动了沿线土地的大面积开发，新型综合体、住宅小区群等一大批特色建筑体拔地而起，直接提升了城市文明形象。

快速公交10年发展的实践充分证明，快速公交是有效改善人类社会公平，实现以人为本的城市公共交通方式；快速公交是有效改善人们生活环境质量，实现生态环保的城市公共交通方式；快速公交是有效改善城市交通拥堵状况，实现高效经济的城市公共交通方式；快速公交是有效改善城市空间合理布局，实现城市可持续发展的城市公共交通方式。

第一章

北京快速公交系统发展实践

随着经济的高速发展和城市人口的迅速膨胀，北京市私人汽车拥有量急剧增加，交通状况日益恶化。为了缓解城市交通拥堵，北京市政府于2004年开始提出并实施了快速公交模式。这一模式回避了轨道交通投资大、建设周期长的问题，但又具备了交通运量大、速度快等优势，是地面公共交通的一种全新模式。目前在世界许多大中城市已被广泛采用。

一、城市背景

北京是中华人民共和国的首都，是中国政治、文化、交通、旅游和国际交往的中心，为我国四大直辖市之首，是历史悠久的世界著名古城。西、北、东三面环山，西拥太行，北枕燕山，东临渤海，南面的华北大平原，是连接我国东北、西北和中原的枢纽，面积16410平方公里。截至2015年末：全市公路里程21876公里，其中高速公路982公里，城市道路里程6435公里；全市常住人口2170.5万人；实现地区生产总值22968.6亿元；完成公共财政预算收入4723.9亿元；全市机动车保有量561.9万辆，民用汽车535万辆，其中私人汽车440.3万辆。

二、发展变迁

快速公交（BRT）系统由于拥有封闭或半封闭专用道路，采用站台售票模式，具有准时、舒适、安全、载客量大及乘客通行速度快等优点，被各地公交系统广泛采用。目前北京公交集团拥有东、南、西、北共4条BRT线路，分别是南中轴路BRT1线、朝阳路BRT2线、安立路BRT3线及阜石路BRT4线，如图1-1所示。

（一）快速公交线路投资情况

总投资约为11亿元（不含道路等市政配套设施投资），按4条主线全长80.85公里均摊，平均每公里投入1360万元。

（二）快速公交线路运行情况

据统计，四条快速公交线路自开通以来，累计运送乘客约7亿人次，发出车次约612

万车次，总运行公里约1.46亿公里。

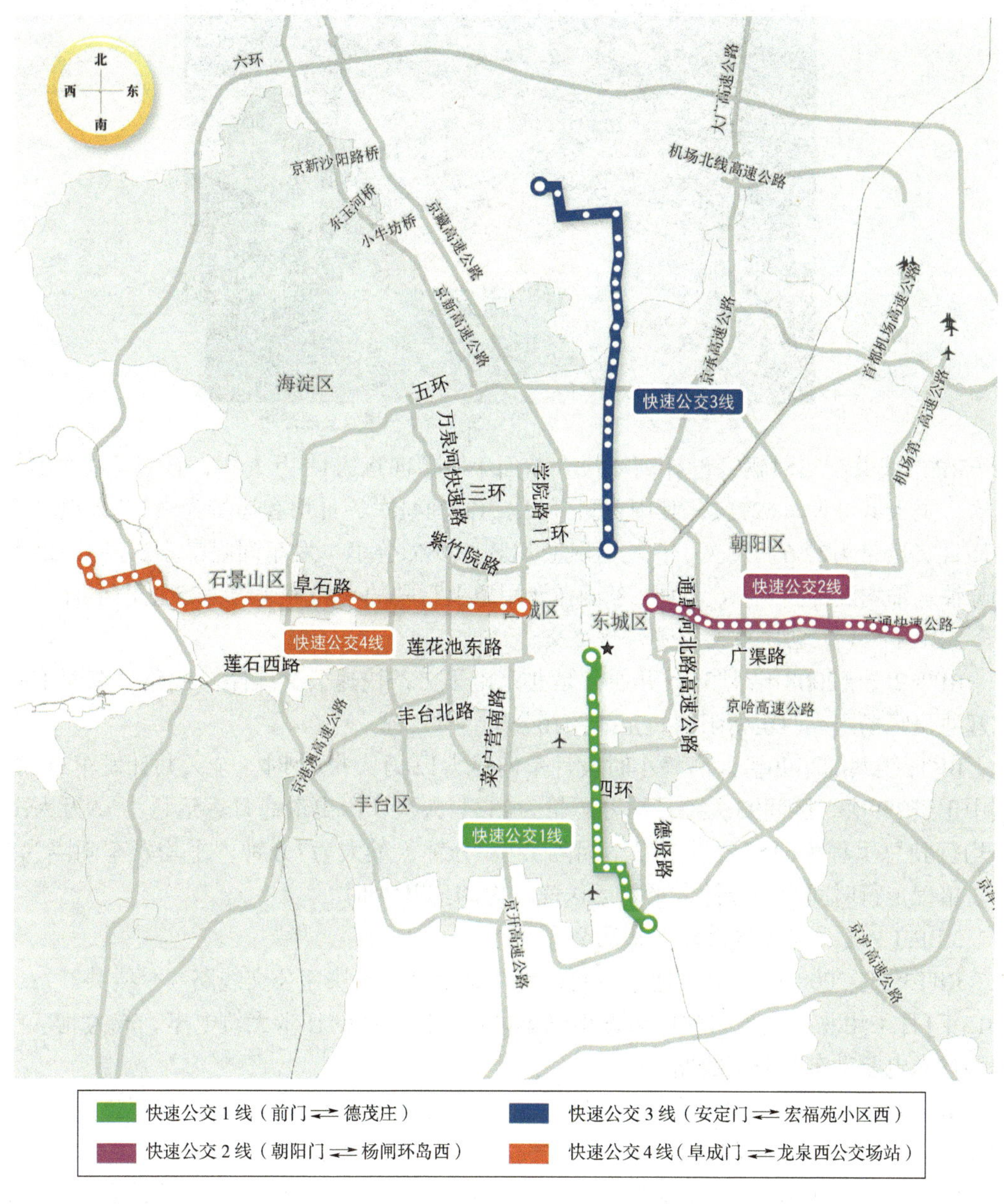

图 1-1　北京快速公交线网图

（三）快速公交线路基本情况

1.BRT1 线：南中轴路大容量快速公交

BRT1线是中国大陆地区第一条快速公交线路，于2005年12月30日全线正式开通，如图1-2所示。线路呈南北走向，从德茂庄站始发，终到前门站，全长16.35千米，共设17站，是中国公共交通发展史上一座新的里程碑。

图 1-2　2005 年 12 月 30 日全国首条快速公交线开通

BRT1线共配车81辆，设计高峰最大断面小时单向运力1.5万人次，日客运能力21.5万人次。全天共计发车627次，其中正班586次，区间41次，日均客运量为51353人次，历史最高日客运量为22.6万人次。日均行驶总里程为9663公里。发车间隔最小2分钟，最大为10分钟，平均发车间隔为6分钟。车辆在专用道上行驶的平均车速约为25公里/小时。

2.BRT2 线：朝阳路大容量快速公交

BRT 2线于2008年7月31日开通，是北京市第二条快速公交线路。线路呈东西走向，东起通州区杨闸，西至朝阳门，全线约16公里，共22站。

BRT2线共配车90辆，高峰小时设计单向运力1.0万人次/小时。全天共计发车352次，其中正班259次，区间93次。日均客运量为23344人次，历史最高日客运量为5.9万人次。日均行驶总里程为6157公里。发车间隔最小3分钟，最大为7分钟，平均发车间隔为5分钟。单程走行时间为46分钟，平均运送速度为20公里/小时。

3.BRT3 线：安立路大容量快速公交

BRT3线于2008年7月31日通车运营，是北京市第三条快速公交线路。全线共22站，于2015年1月采用北京电车制配厂与青年汽车集团合作生产的18米无轨电车，成为北京首条采用18米电驱动车的公交线路。

BRT3线分为主线、区间两条线路。主线：安定门—宏福苑小区西，设22站，线长22.95公里；区间：安定门—温都水城，设22站，线长21.85公里。

BRT3线共配车88辆，高峰小时设计单向运力1.0万人次/小时。全天共计发车490次，其中正班470次，区间20次。日均客运量为49984人次，历史最高日客运量为9.55万人次。日均行驶总里程为9074公里。发车间隔最小2分钟，最大为20分钟，平均发车间隔为5分钟。单程走行时间为60分钟，平均运送速度为23公里/小时。

4.BRT4 线：阜石路大容量快速公交

BRT4线于2012年12月30日开通，是北京市第四条快速公交线路，共配18米液化天然气车100辆（含支线）。主线呈东西走向，西起门头沟区龙泉西公交场站，东至阜成门，全线约25.55公里，共20站。支线西起门头沟区龙泉西公交场站，东至地铁海淀五路居站，全线约20.83公里，共16站。

BRT4线主线全天共计发车500次，其中正班472次，区间28次。日均客运量为29290人次，历史最高日客运量为6.76万人次。日均行驶总里程为11905公里。发车间隔最小2分钟，最大为12分钟，平均发车间隔为7分钟。单程走行时间为60分钟，平均运送速度为25公里/小时。

BRT4线支线全天共计发车318次，日均客运量为13347人次，日均行驶总里程为6125公里。发车间隔最小4分钟，最大为14分钟，平均发车间隔为9分钟。单程走行时间为48分钟，平均运送速度为26公里/小时。

三、系统特性

北京快速公交系统充分体现了“人文公交、绿色公交、科技公交”内涵，同时具有“大容量、快速、便捷”的鲜明特点。

（一）线路设计

四条快速公交线路，紧邻地铁2号线，呈放射状，由二环路向东、南、西、北四个方向放射。BRT1线，北起市中心区的前门，向南穿过二环、三环、四环、五环，到大兴区的德茂庄，是北京南中轴主要交通干道。BRT2线，西起朝阳门，向东穿过三环、四环、五环，至通州区杨闸，贯穿朝阳路。BRT3线，南起安定门，向北穿过三环、四环、五环，至昌平区的宏福苑小区和温都水城。BRT4线，东起阜成门，向西穿过三环、四环、五环，至门头沟区龙泉西公交场站。四条快速公交线路已成为东、南、西、北四个方向进入北京城区的重要路线。

（二）线路组织模式

利用封闭或半封闭专用道路，采用站台售票模式，具有准时、舒适、安全、载客量大及乘客通行速度快等优点。

目前，BRT1线和BRT 2线各设有主线1条，BRT3线设主线1条、区间1条，BRT4线设主线1条、支线1条。区间与支线的开通，有效解决了高峰断面客流快速疏导问题，扩大了快速公交系统的覆盖面，提高了公交专用道的利用效率。

（三）专用路权，通行优先

行驶的道路为物理隔离设施（设置1.3米高的铁质栅栏）的公交专用道，减少了外界干扰，行车速度比普通公交车提高近一倍；增强了安全行车、准点运营的可靠性。部分平交路口配备了交通信号优先系统，给予快速公交车辆优先通行权。

（四）站台售检票

宽5米、长60~80米的岛式站台，可以同时停泊3~4台快速公交车辆，可允许不同运营方式的车辆进站，如区间车、快车等供乘客选择登乘。配合感应式的智能屏蔽门与车门同时开启、关闭，使乘客在足够的候车空间里安全候车，即便是在早晚高峰或者客流较大的站台，候车环境也是舒适和安全的。乘客进站时即完成售票、检票和刷卡，车辆进站后三个车门同时打开上下乘客，快速公交人均登乘用时仅为0.7~0.8秒。

（五）运营车辆

采用18米铰接式空调车（BRT 1线车辆为左侧开门，BRT2~BRT4线车辆均为右侧开门，见图1-3）。车辆分别采用达国III排放标准柴油发动机、达国V排放标准天然气发动机和零排放的电机；低地板、踏板与站台高度相当，实现了水平登降。车辆定员180人；设有残疾人专座和儿童专用座椅，充分体现了以人为本的理念。装配GPS定位通信设备、电子路牌、LED信息显示屏、语音报站器等服务设施。采用专用光纤通信网络，覆盖各条BRT线路全部场站、中途站和线路所属的二级客运分公司及集团公司，实现了“快速公交智能调度”。

图 1-3　北京 BRT3 线

（六）智能调度

智能调度的主要功能有：运营调度管理，包括运行时刻表的编制、运营调度实施监控、运营数据统计分析；乘客信息管理，包括乘客站台查询、站台行车预报、车载信息显示。

运用了GPS卫星定位、GMS语言通信、GPRS数据传输系统进行智能远程调度指挥，保证了及时准确地了解线路运营情况。同时，线路还配备了乘客服务信息系统，通过GPS自动控制，实现了语言、文字报站和综合信息播发。智能系统的使用，可以实时监控运营状况，遇有断面客流加大或突发情况时，可以采取灵活调度措施及时满足乘客需要。同时，语音报站器会随时播发车辆到站信息，增加了快速公交的可信度，体现了先进的、周到的服务。

（七）部分站点垂直换乘

另外，方便的换乘环境也吸引了广大乘客。快速公交与沿线的主要换乘线路实现了近距离衔接，紧邻地铁2号线，并与前门地区、二环、三环、四环的公共交通线路接驳，在部分二环路、三环路、四环路的站点形成了同常规公交线路的垂直换乘。

高可靠性的运营车辆、站台售检票方式、水平登降、垂直换乘以及专有的道路和信号优先是提高车辆周转，保证运营的可靠性和安全性的重要因素，这几个要素提高了整个系统的运营能力。以BRT1线为例，从大兴区的德茂庄到市中心区的前门已由过去的60~80分钟缩短为现在的37分钟，这也是乘客选择乘坐快速公交的一个很主要的原因。

四、运营效果

以南中轴BRT1线为例，对运营效果进行简要分析。

（一）快速、大容量运营服务，满足乘客出行需求

2005年12月30日我国首条快速公交线路——北京南中轴BRT1线全线贯通，这标志着北京市政府落实公交优先政策和发展和谐交通所取得的突破性进展，是促进北京城市交通可持续发展和贯彻“以人为本”解决市民出行难的有效举措。北京南中轴BRT1线全线贯通后便以可靠、便捷、经济的高品质运营服务迅速赢得了广大乘客的欢迎，开通的第三天即2006年元月1日运送乘客12万；每年五一国际劳动节和十一国庆节日客流量均突破22万人次，承受住了系统设计的中远期客流压力。BRT1线以高效的运营服务水平为市民提供了高品质的出行服务。据统计，自BRT1线开通以来，共运送乘客约3.8亿人次，发出车次约398万车次，总运行公里约6045万公里。

（二）资源节约、创新发展、绿色环保

在使用快速公交系统后，南中轴快速公交沿线整合了重叠5公里以上线路7条，撤减了常规公交车260辆。快速公交投入90辆18米长的大容量公交车就可以完成原先260辆常规公交车的运营工作。这是双赢的举措，企业提高了运营效能，改进了服务形象，提高了服务质量。南中轴沿线的交通秩序也发生了明显的改观。我们用一个简单的换算方式来表明南中轴沿线的交通得到了梳理：快速公交18米单车高峰载客160人，以37分钟的用时通过南中轴客运走廊，而采用小轿车的通行方式，160人则需要80辆左右，车辆密度大，占道时间长，排放量高。快速公交的使用是节能减排、缓解拥堵的绿色交通。

（三）灵活调度、周转迅速、保证出行

南中轴BRT1线在设计之初，从运营组织的灵活性上考虑，在道路建设和车站建设中，预留了可以使18米车辆掉头的港湾两处，选择了线路北端断面客流较大的天坛站和

偏南端的三营门站，增发区间车运营。全天计划车次1375次,每天早晚高峰发区间车将近200车次，加快了车辆周转，满足了不同断面的客流需要。在各主要大站增加了超车功能，加宽了港湾通行能力，实现了大站快车的运营组织。每年的五一、国庆的首日运送乘客均超过22万人次，区间车和大站快车的运营方式起到了很大的作用。

五、创新与亮点

（一）坚持“绿色公交”理念，采用清洁能源和电驱动车辆

为落实北京市2013—2017年清洁空气行动计划，北京市政府决定2015—2017年间逐步将BRT1~BRT3线更换为双源电动公交车，2015年BRT3线、BRT1线车辆已陆续替换为双源电动公交车，目前BRT2线的“油改电”工作已启动实施。

预计到2017年BRT1~BRT3线将采用零排放、无污染的电驱动公交车，加上已经采用清洁能源车辆的BRT4线，4条快速公交线路将实现真正的绿色、环保、节能、清洁、快速、便捷。

（二）坚持“科技创新”理念，实现智能运营系统

快速公交系统采用智能运营管理：一是实现了智能调度发车（无须人工发车）、运营车辆实时监控。二是实现了实时图像监控，即场站、中途站实时监控图像的传输、存储、播放、管理等。三是实现了刷卡信息实时通信，采用站台一卡通刷卡乘车，同时刷卡信息（一卡通交易信息）通过快速公交通信网络传输至分公司结算中心，无须人工采集。四是部分平交路口配备了交通信号优先系统，给予快速公交车辆优先通行权，减少了外界干扰，行车速度比普通公交车提高近一倍，增强了安全行车、准点运营的可靠性。

（三）坚持“人文公交”理念，实现人性化乘车服务

快速公交系统大量体现人性化服务：一是北京市的4条快速公交线路全部车辆采用18米大型低地板无障碍公交车，站台设计与车辆匹配，实现平行登车，车门设置自动伸缩桥板，方便残障人士，车内设置儿童专用座椅，保障儿童安全乘车。二是采用冷暖空调系统，提高车厢乘坐舒适度。三是实现了乘客服务信息发布电子信息化，包括车上信息服务：语音和文字同步报站、电子路牌自动控制，站台信息服务：车辆到站预报、服务导乘信息发布等。

六、小结

据北京市交通研究中心对BRT1线乘客进行的出行调查显示：乘客对快速公交减少出行时间、减少候车时间的满意度达到90%，南中轴路上35%以上的客流都被吸引到了BRT1线，成为北京南城地区百姓出行的首选。作为全国第一条快速公交线路，南中轴BRT1线受到了国内外的广泛关注和好评。前来参观、考察北京快速公交系统的，既有

国内数十个城市的市领导、规划设计部门和公交企业，也有如世界银行、全球环境基金会等外国代表团和国际机构。据统计，自BRT1线开通以来，共接待参观考察团约4000余次。南中轴快速公交项目为其他城市发展快速公交起到了积极的示范作用，也为北京市BRT2 ~BRT4线的发展奠定了良好的基础，在国际上也为中国公共交通的发展树立了良好形象。在经营快速公交系统的实践中，我们也深切地体会到：快速公交系统的实施代表了公共交通先进的生产力，是造福百姓、促进城市交通顺畅、高效运行的良策。

第二章

大连快速公交系统发展实践

近年来，大连经济建设的快速发展，对城市配套设施建设提出了更高要求。就城市交通方面而言，机动车保有量每年以2位数的速度迅猛增加，交通拥堵、市民出行难、环境保护和节能减排等矛盾日益突出，这些问题成为市委、市政府和市民高度关注的热点问题。在经过深入考察和充分论证的前提下，2006年12月大连市政府召开专题会议，成立了以市领导、相关部门参与的领导小组和以市交通局、公交集团为主的工程建设指挥部，决定投资约3.26亿元，于2007年启动建设大连市首条快速公交线路，并将该工程列入2007年市政府18件为民办实事之一。

快速公交（BRT）工程由北京城建设计研究院总体设计。整体工程于2007年5月开工，至2007年12月底结束，工期为7个月。经过系统调试和试运行。大连市首条BRT线路于2008年1月18日正式投入运营，如图2-1所示。

图 2-1　大连快速公交线路图

一、首条快速公交线路的设置

大连市首条BRT线路由兴工街为始发站，途径沙河口火车站、华北路、松江路至张前路终点，全长约14公里，共设15个站点。设置这条线路的原因，主要有如下几个方面：

（1）解决大连市最大的居民小区泡崖新区20余万名居民出行难问题，进而调整公交线网布局，为城市西部80余万市民出行畅通创造条件。

（2）缓解华北路交通拥堵问题，用大容量的新型车取代部分常规公交车，减少路面公交车密度，降低尾气排放，有利于节能减排和环保。

（3）符合BRT线路运行的基本条件，道路经改扩建后，华北路、松江路宽度均达40余米，可满足设立BRT车辆专用道要求；泡崖新区客流较大，日客流量近10万人次，能满足建设BRT系统所需要的客流量。

（4）兴工街是大连市西部一个重要的交通换乘节点，也是未来地铁站。BRT线路开通后，在此与具有快速公交特点的有轨电车201路、202路衔接，形成由泡崖至兴工街至河口的南北快速公交大通道、泡崖至兴工街至东海公园的东西快速公交大通道，从而构成近期大连市快速公交T字形主框架。同时，也为以后建设立体交通创造了接驳条件。

二、工程建设情况

BRT快速公交系统工程主要分为，道路改扩建工程、桥梁改建工程、信号及道路标志标线工程、车站车场建设工程、车辆配置以及智能交通系统等配套工程。

由于该项目是在老城区内进行，又是政府的一项民生工程，因此本着因地制宜、实用安全、简洁美观的设计原则来展开工作。

（一）道路改扩建工程

从兴工街开始拆除西安路原有电车轨道，辟为BRT专用道；拆除华北路中绿化带，辟为专用车道，充分保持了原有社会机动车道宽度；全线路面拓宽翻新、路基加强约12公里。

（二）桥梁改建工程

为解决友谊街立交桥交通瓶颈，影响BRT快速通行问题，对友谊桥西段桥面进行了加宽改造，由原双向2车道改为双向4车道。同时，拆除了车家村、刘家桥2座人行天桥，新建2座与BRT车站配套的人行天桥；改建利用了沙河口、周水子前人行天桥。

（三）信号及道路标志标线工程

大连市BRT线路由9公里物理隔离线路、3公里概念隔离线路和2公里混行线路构成。为解决社会车辆在平交路口转弯和市民上下站台问题，在所有路口和站台处均设立了人行横道和专门的交通信号；在概念隔离路段，路面敷设BRT标志，用路钉和分道标线作出区别。

（四）车站和车场建设工程

常规BRT系统模式为：在路中专用道上建岛式站台，这样就只能供车门设在左侧的BRT专用车辆使用，致使常规公交车无法使用专用道。为此，经对比和吸取北京、杭州、昆明以及国外城市BRT的优点，结合大连市的具体情况，将车站改造为路中错位式站台和部分路侧站台，不仅能满足BRT车辆的使用，还可将沿途常规公交车整合进专用道，提高了道路资源的利用率，沿线共设15处站点，每处相对错位2个侧式站台，站台高度与车辆踏梯相近，方便乘客上下，站台采用栏杆全封闭，进站售检票、零换乘；站内设不锈钢管理用房，侧立悬挑式风雨棚，美观大方，为城市增添了新的景致。

为保证BRT车辆的正常运营，在张前路规划了1处约3万平方米的停车场，其功能为智能调度中心、车辆维修和车辆停放区等等。

（五）车辆配置

BRT线路配车64辆，采用18米铰接车和12米单车各32辆，供客运高峰和平峰搭配使用。BRT车辆成套引进德国MAN客车技术设备，国内总装，右侧大开度车门、低地板、欧III发动机，能一次载员100~200人，同欧洲最先进的BRT客车技术完全同步。车辆具有以下特点：一是车辆具有可靠性，如发动机、变速器、CAN总线、铰接机构、空调等主要总成采用原装进口；二是车辆设计体现了人性化，设置了多功能区可以同时存放一台残疾人车和一台婴儿车、布置了母婴座椅、中门设置了可翻转踏板、安装智能冷暖新风一体式空调、18米车辆采用宽大的四开门、12米车辆采用宽大的三开门；三是车辆体现了环保性，发动机排放达到欧III标准、内饰采用进口高环保材料；四是车辆体现了智能信息化，采用西门子CAN总线可实现人机对话、一体化行车记录仪，设有车内电子显示屏、LED电子路牌，安装综合车载智能终端设备可实现智能化交通管理；五是车辆体现了先进的工艺性，车体为复合式承载车身骨架结构，蒙皮制造采用“整体张拉后粘接”的工艺方法、整车采取特殊的防腐及涂胶密封工艺，充分保证了整车的强度和防腐性能。

（六）智能交通系统等配套工程

BRT线路配备先进的智能交通管理系统，包括信号优先系统，车站收费系统，通信系统、GPS车辆定位、站台闭路电视监控系统等，车场内有大屏幕监控室，可与集团总监控室光缆传输。

（七）整合相关线路

BRT开通前，与其并行的市内公交线路有13条，车辆587台，并行较长的线路有6条。经对华北路沿途公交线路及泡崖地区居民出行调查，本着科学优化、合理组合、稳步推进、服务市民的原则，最大限度地提高BRT专用道的使用效率，BRT开通后，公交集团在经政府主管部门批准后，先后对一些相关线路进行了整合调整。即：调整405路进入专用道运行；调整9路、411路为BRT集散线路；延伸6路、33路、612路；取消3路、412路、

611路、516路。上述线路调整和取消后，华北路（沙河口火车站—周水子）路段减少公交车252台，日运营车次2955个，转乘BRT线路的客流量约为8.3万次。

三、快速公交目前运行情况

2007年11月，大连市政府投资建设大连捷通快速公交客运有限公司，注册资本300万人民币，项目总投资额3.26亿元，是大连公交客运集团有限公司的全资子公司之一。下设综合办公室、劳动人事处、计划财务处、运营管理处、安全保卫处、技术设备处六个处室。现有职工486人，其中BRT驾驶员78人、站务员221人、养护员38人、调度人员21人、管理人员35人。

大连捷通快速公交客运有限公司位于甘井子区张前路749号，快速公交张前北路终点站，前革镇堡村，场区面积1.8万平方米，分为办公区、维修区、停车区。办公区位于车场南部，办公楼共三层，建筑面积4346平方米，内设公司机关办公室、会议室、活动室、智能调度室、职工食堂等。维修区位于车场东部，建筑面积1360平方米，为运营车辆提供日常一级维护、二级维护、三级维护。车场北部为公司64台运营车辆停放区，约占8000平方米，东西停放32台12米单车，中间停放32台18米通道车。

兴工街为线路始发站，途径沙河口火车站、华北路、松江路至张前路终点，全长14公里，全线为半封闭式专用道，共设15个站点，平均每公里设一处站点，每处相对错位2个侧式站台，共设29个站台，35个站房，站台宽度为3.5米左右，长度为50米左右，方便乘客上下。线路运营高峰期间配备50班次，间隔1分半钟，单程运行时间约35分钟，平均时速达到20公里以上。目前线路客运量日均约6.5万人次，最高日客运量近7万人次，客运收入日均4.2万元。

随着大连城市西部公交线网的优化调整，快速公交作为该区域的主要交通方式，其地位正在逐步显示出来，同时也受到市民的欢迎和好评。

BRT系统工程的成功建成使用，是国家倡导优先发展公交政策在大连的落实和具体成果，是大连在城市公共交通多样性发展方面的新突破，对提高公交服务水平以及保持公交的可持续发展产生了重要意义。

第三章

常州快速公交系统发展实践

一、城市背景

常州，地处长江之南、太湖之滨，处于长江三角洲中心地带，与苏州、无锡联袂成片，与上海、南京等距相望。常州是一座有着3200多年历史的文化古城，现辖溧阳一个县级市和金坛、武进、新北、天宁、钟楼五个行政区，总面积4373平方公里。到2015年末，全市户籍总人口370.9万人，常住人口470.1万人。2015年全市实现地区生产总值5273.2亿元，完成公共财政预算收入466.3亿元。2015年末民用汽车拥有量96.8万辆，其中私人汽车拥有量82.2万辆。

二、发展变迁

2007年初，时任市长王伟成带队考察北京、天津等地优先发展公交情况，之后迅速推出了《常州市2007年优先发展公交的实施方案》，明确了“惠民、便捷、舒适、准点”的公交优先总目标，提出了公交优先发展“六大举措”，其中一项就是开工建设快速公交。

2007年初，常州市政府组织编制了快速公交线网规划，确定了由 5 条走廊组成的方格放射式快速公交线网，总长122.7公里，换乘站11座。2007年5月24日，常州快速公交一号线工程率先开工建设，2008年元旦开通运营；2009年5月1日，快速公交二号线开通运营；2010年元旦，常州快速公交配套环线开通；9月28日，配套环线H1线、H2线全线环通，常州“十字加环”的快速公交骨架网络基本建成；2011年，结合京沪高铁常州北站的开通，优化快速公交线网，与京沪高铁进行无缝换乘。2013年，西林公园公交枢纽启用后，快速公交二号线延伸到该枢纽，形成了常规公交与快速公交的无缝对接。常州快速公交线路信息，见表3–1。

常州快速公交线路信息 表 3–1

<table>
<tr><th>序号</th><th>线路</th><th>起　点</th><th>讫　点</th><th>线长（公里）</th><th>配车</th><th>车次</th><th>配驾</th><th>日里程（公里）</th><th>日运量（人次）</th></tr>
<tr><td>1</td><td>B1</td><td>武进中心站</td><td>常州北站</td><td>29.5</td><td rowspan="3">86</td><td rowspan="3">444</td><td rowspan="3">81</td><td rowspan="3">13271</td><td rowspan="3">57684</td></tr>
<tr><td>2</td><td>B16</td><td>武进中心站</td><td>新北中心站</td><td>24.5</td></tr>
<tr><td>3</td><td>B19</td><td>常州北站</td><td>淹城中心站</td><td>23.9</td></tr>
</table>

续上表

序号	线路	起　点	讫　点	线长（公里）	配车	车次	配驾	日里程（公里）	日运量（人次）
4	B10	常州北站	常州客运中心	13.4	19	160	16	2568	9257
5	B11	武进中心站	火车站中心站	18.7	57	388	57	7683	30138
6	B12	中华恐龙园	白家桥	13.8	31	386	37	5654	20632
7	B13	锦海星城	火车站中心站	14.6	36	394	38	6106	15791
8	B15	嘉泽中心站	火车站中心站	31	16	88	11	2778	5009
9	B2	西林公园枢纽	戚区中心站	21.6	47	290	39	6591	36691
10	B22	花园中心站	常州客运中心	7.7	16	350	22	3043	17192
11	B23	钟楼中心站	虹景金桂园	13.7	32	354	40	5476	27400
12	H1	永宁中心站	永宁中心站	26.2	16	82	15	2226	8690
13	H2	永宁中心站	永宁中心站	26.2	16	82	15	2235	8327
14	Y1	红梅中心站	青枫公园西	9.6	9	84	6	1087	7390
15	Y2	新北中心站	红梅中心站	15.3	12	90	9	1623	2568
共计				289.7	393	3192	386	60341	246769

常州快速公交系统总共投资17亿元，其中道路改造和首末站建设投入10.5亿元，专用车辆购置5亿元，中间站和信息化建设1.5亿元。截至2015年12月，常州快速公交共有主线、支线、区间线和环线共15条，日均配车393辆，其中18米型133辆，配备驾驶员386人，发送车次3192个，日均运营里程6.03万公里。

三、系统特性

常州快速公交系统在规划、设计、建设、运营中突出“科技、环保、创新”，形成了鲜明的特色和亮点。

（一）线路布设

线路走向与城市发展方向相一致，快速公交一号线、二号线分别与城市南北和东西发展轴一致，并在城市中心区形成十字形骨架，对“南北一体、拓展东西、三城联动”的城市空间结构形成有力的支撑。线路走向尊重客流规律，沿线聚集了大量的人口和就业岗位。快速公交沿线500米范围内覆盖的人口和就业岗位分别约为29.1万和25.8万，占中心城区的比例分别约为14.7%和20.3%。同时，快速公交还连接了为数众多的对外交通枢纽、核心商圈、政府机关、主要医院、重点学校、旅游景点等客流集散点。常州快速公交线路，如图3-1所示。

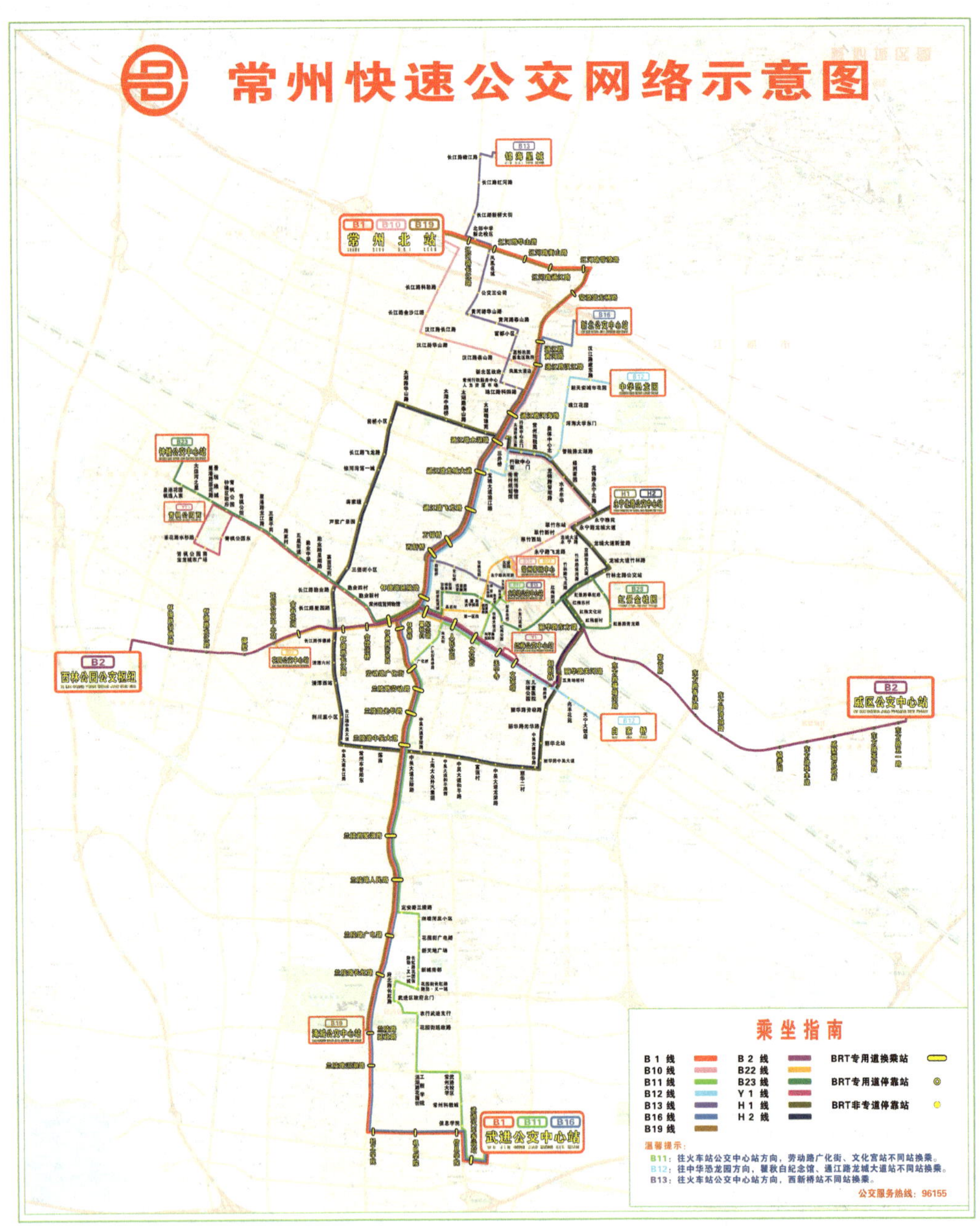

图 3-1　常州快速公交线路图

（二）线路组织模式

常州结合城市自身的客流规模与出行特征，在充分考虑快速公交专用道利用效率的基础上，创造性地采用了半封闭型线路组织模式，即在保障快速公交主线通行效率的同时有选择性地引入支线和区间线，实现了快速公交系统内部同站台同方向免费换乘。目前，快速公交一号线设有主线1条、区间线2条、支线5条；快速公交二线设有主线1条、支线3条。快速公交开通支线和区间线，不仅解决了高断面客流的出行、扩大了快速公交系统的覆盖面，而且还提高了快速公交专用道的利用效率，并通过快速公交网络提升了系统运营效益。

（三）专用道设置

考虑到常州道路特点、交叉路口通行能力以及线网特点等因素，常州快速公交将专用道置于道路中央，采用振荡黄色标线与其他社会车道隔离，车站在专用道两侧，车辆采用右开门方式。一是让专用道与常规道之间不必设置隔离带，有利于发挥应急通道功能，而且也不影响未来道路拓宽。二是减少了沿线出入口交通对快速公交的影响，提高了快速公交的运营效率。三是满足了开行支线和区间线的需要，促成快速公交与常规公交的良好衔接。值得一提的是，常州快速公交专用道比例接近100%，保障了快速公交主线的专用路权，见图3-2。

图 3-2 常州快速公交专用道

（四）中间站台设置

快速公交站台多布置于道路交叉口附近，以方便乘客进出站和换乘其他常规公交线路，并根据具体情况及运营组织需要分为对位式站台和错位式站台。站台长60米、宽3米，可以同时停泊2辆18米车，为乘客提供宽敞、无障碍的候车空间。站台高35厘米，与快速公交车辆踏板平齐，方便乘客水平登车。中间站设有安全门、LED信息显示器、语音广播系统、售检票系统及信号传输、闭路电视、红外线周界防范等多项智能系统。安全门采用通透性好的设计方案，首次使用新型防夹系统和红外控制系统。进出站闸机和售检票系统，实现站台售票检票，通过4个安全门同时上下客，缩短乘客登车时间，提高快速公交的效率。

（五）专用车配备

常州快速公交车辆的配备遵循“高容量、高性能、低排放、低地板、智能化、人性化、外观鲜亮”的原则。主线使用133辆18米型快速公交车，支线使用207辆12米型公交车和21辆双层公交车，环线使用了32辆12米型公交车。车辆优先使用新能源车，采用符合高环保要求的国III、国IV发动机；采用最新款具有防翻车系统功能的电控铰接盘、电子调度控制阀，具有高可靠性和稳定性；车内安装GPS卫星定位系统，设有滚动的停靠站信息提示、电子导乘图等先进的技术为乘客提供详细的乘车信息，并配有电脑自动报站器进行语音提醒；车内还专门设计了残疾人轮椅上下车伸缩坡道和固定设施。

（六）智能化系统

常州快速公交智能化系统是一个综合性系统，在系统建设上采用先进的设计理念，易扩充、升级、管理和使用。整个系统涵盖ITS技术、GPS定位系统、GIS技术、全数字视频监控技术、短程通信技术、数字网络音频广播技术和企业应用集成技术等诸多技术。通过快速公交调度指挥中心实行对快速公交运营服务全程监控和管理。专用道上采用路口信号优先系统，适度实行红灯早断、绿灯延时信号优化配置，为快速公交的通行提供信号优先保障。

（七）人行过街设施

常州快速公交沿线人行过街设施设置遵循方便行人的原则，在交叉口优先采用平面过街方式。快速公交一号线、二号线沿线共设置53处过街通道，其中人行横道49处，占比达92.45%，最大限度保障市民便捷进站上车，见表3–2。

人行过街设施汇总 表 3–2

设置位置	一号线站台数	二号线站台数
车站总数（除首末站）	29	24
人行天桥	1	0
地下通道	0	3
人行横道	28	21

四、运营效果

目前，常州快速公交网络289.7公里，日均客运量24.68万人次，占全市客运量的31.90%。至2015年12月，累计安全运营1.53亿公里，相当于绕地球运行3820圈，安全运送7.82亿人次。

（一）缓解交通拥堵，方便市民快捷出行

据专家研究，与欧洲百万人口城市相比，我国的15座百万人口以上城市，由于交通拥堵和交通管理方面的问题，居民单行上班平均多耗时12分钟，因而每天损失多达近10

亿元人民币。我国城市交通拥堵造成的损失一年超过3600亿元人民币，而且还在不断增长。由此可见，交通畅通既是城市形象，也是重要的生产力。常州快速公交平均速度达到23公里/时，通过100%专用道、站台售检票、信号优先等来保障车辆准点率，达到国际先进水平。据调查，有80%的乘客表示通过快速公交缩短了出行时间，平均节省了15分钟。特别是快速公交二号线进入了城市核心商业区，乘坐快速公交出行时间节省效益将进一步增加。同时，通过提升快速公交系统运营效率，整合沿线常规公交线路，陆续撤停10条，优化9条，直接减少道路沿线的各类私人出行车辆和常规公交车，减少沿线车流量，改变了城市交通面貌和城市形象。

（二）减轻出行成本，优化市民出行结构

快速公交凭借其优质的服务，吸引了大量的市民出行者。整个网络系统53对中间站中，有29对实行主线和支线免费换乘；整个网络系统15条线路中，实现免费换乘的有87个站，其中4条线路以上免费换乘的有35个站，低票价和免费换乘大大减轻了出行成本。根据对快速公交乘客的随机抽样调查显示，快速公交的乘客构成主要包括常规公交、电动车及自行车、小客车、摩托车、出租汽车和步行出行者，其中有22.4%的乘客是从个体机动化（小客车、摩托车和出租汽车）的方式转移过来的。快速公交为乘客累计节省了9440万小时的出行时间，约有7431万人次享受到免费换乘的优惠。

（三）提升民生品质，引导城市合理扩张

51公里十字形快速公交主线带动了沿线土地的增值，带动了沿线经济的发展，也带动了上下游产业链的发展。常州快速公交系统建成后，一号线途经的通江路新北区段迅速建成了集高星级酒店、影院、卖场于一体的38万平方米城市综合体。在武进段3.7公里的道路两旁密集分布了十几个开发项目。一号线延伸到高铁站后，形成了综合交通枢纽，与高铁一起带动了小新桥板块的开发。二号线的东方路段是新扩建的道路，快速公交开通后带动了房地产和餐饮服务业的发展，打开了常州东大门。如果将支线考虑进来，这张快速公交网络已完成了对城市行政中心、重点学校、卫生服务中心、商业中心、城市公园、旅游景点、交通对外窗口等客流集聚点的有效覆盖。通过快速公交系统，实现了城市东西南北和中心核心区的无缝对接和深度融合。

（四）推动节能减排，促进行业绿色发展

快速公交不仅提高了路权的使用效率，还节约了大量能源，减少了机动车尾气、交通噪声、电动自行车废弃蓄电池等方面的污染。据测算，快速公交单耗109升/千人公里，比常规公交降低31.45%。快速公交开通后，年均节约燃料8559560升，相当于减少碳排放6137吨。快速公交开通以来，累计减少了13530万人次摩托车、私家车等私人机动化出行，以及17630万人次电动自行车、自行车出行。随着快速公交的不断完善，将吸引更多的乘客放弃私人机动化出行而换乘快速公交，节能效益将逐年增加。

（五）储备应急资源，提升城市应急能力

在城市用地日趋紧张的中心城区，快速公交专用道是城市应急系统的重要组成部分。专用道可以在交通高峰时期为救护车、救火车等各种急救车辆提供畅通无阻的服务，节约特种车辆在途时间，大大缩短应急响应时间，减少人民群众生命财产损失。据不完全统计，在常州102公里（双向）的快速公交专用道上，仅救护车每天要行经3次左右。另外，快速公交具备智能调度平台，车上和站上都安装了视频监控探头，将快速公交指挥平台与公安交警平台直接对接后，双方可以进行视频资源共享和数据信息互联，对提升公交运行效率、维护社会治安、打击各类违法犯罪活动产生双赢效益。

（六）提升公交服务，减轻财政支出压力

快速公交建成运营后，因其具有快速、准点、舒适的优势，可吸引乘客放弃原有的各种出行方式。根据测算，快速公交网络百公里客运量为512人次，是常规公交的2.34倍；人均年服务乘客9561人次，是常规公交的2.07倍；车均日服务乘客942人次，是常规公交的2.83倍；快速公交的人均能源消耗0.48元，是常规公交的71.64%。目前，快速公交年客运量稳定在1.1亿人次，根据测算，每年可以减少直接运营成本1.2亿元，也就是减少政府财政购买公交服务费用1.2亿元。这也足以证明，相比轨道交通建设，快速公交是投资小、见效快的优选方式。

五、创新与亮点

（一）首创中央侧式站台模式

常州快速公交一号线是国内首个中央侧式站台项目，快速公交专用道采用非固体隔离，完全运用电子监控措施属于首创，也是一个成功的典范，对国内外建设快速公交具有重要的示范意义。

（二）首创组合线路运营模式

常州首创的组合运营模式扩大了高品质快速公交服务的覆盖面，提高了专用道的利用率，通过整合沿途相关常规公交线路，减少了专用道沿线常规公交行驶车次，也利于社会车辆的通行效率，实现了双赢效益。

（三）成功开发智能化系统

常州快速公交系统工程坚持以人为本、科学发展的理念，有效整合快速公交运营管理系统和乘客信息系统，采用了一系列高新技术，自主创新，开发了快速公交智能化系统，通过了江苏省科技厅的验收。

（四）实行公交低票价政策

常州是继北京之后第二个降低公交票价的城市，常州快速公交系统实行与常规公交

一样的票制票价，同时实行同台同向免费换乘，一张低票价就能到达系统区域内的任何地方，市民享受到了实惠。

六、小结

常州快速公交是常州“公交革命”的重要举措之一，快速公交方便了市民出行，缓解了交通拥堵，提升了城市形象。快速公交凭借其良好的运营效果提升了城市知名度，《常州市快速公交线网规划》获得北京市优秀工程咨询成果一等奖和全国优秀工程咨询成果二等奖；2010年3月，快速公交一号线荣获第九届中国土木工程詹天佑奖，并入选百年百项杰出土木工程和交通运输系统第四批节能减排示范项目，是入选詹天佑奖的唯一一个地面公交项目。实践表明，快速公交的发展对于构建多模式、多层次的城市公共交通体系，提升城市公共交通服务品质，缓解城市交通压力具有十分重要的意义。

第四章

连云港快速公交系统发展实践

一、城市背景

连云港，东西长129公里，南北宽约132公里，陆地面积7449.91平方公里，水域面积1759.4平方公里。连云港是我国于1984年首批提出沿海开放的14座城市之一。连云港下辖海州、连云、赣榆三区、国家级经济技术开发区以及灌云、东海、灌南3县。

连云港是陇海铁路的东部端点，为西北、中原九省（自治区）路途最短的出海口，有“亚欧大陆桥的东端桥头堡”之称。连云港承担了整个陆桥90%以上的国际过境箱量。近年来，连云港市全面贯彻落实科学发展和构建和谐社会的重大战略方针，全市人民团结拼搏，牢固树立强烈的连云港意识，围绕着“快速崛起，富民强市”的发展主题，抢抓机遇，扎实奋进，确保了全市经济的健康、快速发展，城乡面貌也发生了巨大的变化。

二、发展变迁

连云港市作为新丝绸之路经济带东桥头堡，龙头引领作用日益突出，构筑大都市交通“一体化”、发展快速便利的公共交通系统显得日益迫切。连云港市委市政府在2011年连云港市党代会上正式提出，“立足于连云港几个城区之间间距较大的特点，优先建设大运量快速公共交通通道，2012年建成连接新海城区与连云城区的快速公交系统。”要建立以轻轨和快速公交为主骨架，以常规公交为主体，以出租汽车、定制公交等其他公共交通方式为补充，公共自行车服务广泛、慢行接驳完善的公共交通服务体系。

连云港快速公交一号线于2012年5月1日正式开工建设，2012年10月1日建成启用，从开工建设到建成通车，仅用了5个月的时间，是江苏省建设周期最短的一条快速公交线之一，也是全国第16个建成快速公交的城市。

2012年10月1日连云港快速公交一号线正式建成通车。2013年5月18日二号线前端建成通车，2014年9月29日三号线建成通车，截至目前已开通快速公交班线共计8条（B1、B1K、B1Z、B11、B12、B13、环1、B3），已形成两主一环五支快速公交线网布局。已建成快速公交营运里程210公里，已建成站台42对；规划新建站台40对（海滨大道27对、花果山大道13对）。连云港快速公交线路，如图4–1所示。

图 4-1　连云港快速公交线路图

连云港快速公交系统截至目前共计投资6.28亿元，其中车辆购置1.6亿元，站台建设2.88亿元（一号线1.06亿元、海宁路和郁洲路0.36亿元、三号线0.86亿元、场站建设0.6亿元），智能化搭建1亿元，智能交通信号0.8亿元。

三、系统特性

连云港快速公交的建设运营，体现了六大特色：创新、智能、环保、快捷、惠民、聚焦。

（一）线路布设

连云港市城市布局特点为一个带状城市，呈现“一市双城”的自然地理区域。新海地区是全市政治、经济、文化中心，同时也是传统的工业聚集地。东北部的连云地区集中了国家经济技术开发区、国家级出口加工区、港口等。连通新海和连云区的主要通道只有一条，只有高效率、集约化地利用道路资源，开辟出能够大幅度提高人们通行能力的高水平公交服务走廊，方可满足城市空间结构特点和沿线客流需求。

快速公交一号线途经幸福路、海连路、港城大道、中山路、海棠路，全长34公里，银鱼中间站27对，首末站2座；快速公交线网的建成改善了连云港市的城市面貌及新海连三区的环境。促进城乡协调发展，推动老城区建设改造，拉动新城区开发，促进东西城区融合发展，增强了城市凝聚力和向心力。快速公交系统把全市重要的政治、经济、文化、体育、生活等功能片区紧密衔接起来，加强了连云港市各方面的有机联系，极大提升了城市的运行效率，方便了市民出行。

（二）线路组织模式

快速公交一号线正式通车后，在运营过程中，根据群众需求和客流规律，通过动态调整，坚持以市民出行需求为导向,不断优化线路运行方案,采用主支线结合、快慢结合运行模式, 逐步形成了站站停的B1线、只停主要大客流站点的快线B1K线以及方便上下班通勤的直达线B1Z线；扩大城区覆盖范围的B11、B12、B13支线及环线。既满足了主线乘客停靠站点和运行速度的不同需求，又提高了快速公交的覆盖范围，有效地满足了市民的出行需求。

加强智能化调度管理，使快速公交在快速运营的基础上更能体现出快捷、准时的特点，有效地消除了车辆的大间隔问题。

（三）专用道设置

连云港快速公交将专用道置于道路中央，采用黄色振荡标线与其他社会车道隔离，车站在专用道两侧，车辆采用右开门方式。一是专用道与常规车道之间不必设置隔离带，有利于发挥应急通道功能，而且也不影响未来道路拓宽。二是减小了沿线出入口交通对快速公交的影响，提高了快速公交的运营效率。三是满足了开行支线和区间线的需要，促成快速公交与常规公交的良好衔接。值得一提的是，连云港快速公交主线专用道比例接近100%，保障了快速公交主线的专用路权。

（四）中间站台设置

连云港快速公交站台多布置于道路交叉口附近，以方便乘客进出站和换乘其他常规公交线路，并根据具体情况及运营组织需要分为对位式站台和错位式站台。站台长50米、宽3.5米，可以同时停泊2辆18米型快速公交车，为乘客提供宽敞、无障碍的候车空间。为方便乘客上下车，站台高度与车辆踏板平齐，让乘客感受到水平登车的便捷、舒适。中间站设有安全门、LED信息显示屏、语音广播系统、智能售检票系统及信号传输、智能监控、红外线周界防范等多项智能系统。安全门采用通透性好的设计方案，首次使用新型防夹系统和红外控制系统。进出站闸机和售检票系统，实现站台售检票，通过6个安全门同时上下客，缩短乘客登车时间、提高快速公交的运行效率。

（五）专用车配备

连云港快速公交车辆配备遵循“高容量、高性能、低排放、低地板、智能化、人性化、外观鲜亮”的原则。主线18米型车辆是国内首家使用LNG燃料高效环保型大型公交车辆，采用进口底盘和铰接盘，车辆稳定性高，设计载客人数达150人；节能环保，达到欧Ⅳ排放标准。支线、环线采用12米型LNG燃料高效环保型公交车。所有车辆安装GPS卫星定位系统，滚动的停靠站信息提示、电子导乘图等先进的技术为乘客提供详细的乘车信息，并配有电脑自动报站器进行语音提醒；通过数字化、信息化、智能化设施，极大提高了车辆的功能和便捷。

（六）智能化系统

连云港快速公交信息化智能系统由智能调度子系统和智能售检票子系统组成，该系统是将先进的信息技术、数据通信传输技术、电子控制技术以及计算机处理技术等有效地运用于整个信息化智能系统中，使车辆、站台、中心密切地配合，从而建立起一种在大范围内，全方位发挥作用的，实时、准确、高效的信息化智能系统。

该系统中智能调度子系统利用信息技术及时掌握车辆运营动态，实现了智能调度、计划排班、实时监控、运营数据自动汇总等功能，使运营调度管理实现智能化、数据化、信息化；智能售检票子系统通过线路中央服务器将快速公交的主线站台和支线车辆所有票款信息进行集成，实现了票款结算信息化、一体化、实时化，实现了客流统计、客流分析、营收统计实时自动汇总；各类信息通过自动采集，满足现代化交通运输企业所需的“业务—资金—信息”三位一体的现代化业务要求，达到优化运行、优质服务、规范管理的目标。

连云港市快速公交使用的信息化智能系统监控平台拥有7000台车的容量，通过现有平台的基础，逐步扩展到常规公交车辆、长途客运车辆、长途货运车辆、出租车辆，将以往分散的监控集成到大的信息化智能系统中，在同一个平台显示车辆信息。通过该系统向ERP系统的扩张也给运营管理企业提供了高度直观可视的营运生产工具，有助于企业节约成本、提高车辆利用率、减少排放、提高客运服务水平。与交通运输主管部门对接，实现对整个运输行业的实时监控和管理，也为城市管理部门提供真实、科学的服务监督手段。给未来扩展城市信息化建设奠定了基础，对于江苏省交通信息化建设发展与形成大的交通信息化系统也有着重要的作用。

连云港快速公交在建设之初就已充分考虑未来的网络化生活，连云港快速公交车辆、站台上实现3G网络全覆盖，乘客可在乘车途中使用车载网络，可对乘客浏览的信息进行大数据统计、分析，实现对市民消费、交通、生活各类需求的统计、分析，更直观地对乘客出行的流时、流量、流向等营运数据进行统计、分析，为运营企业提供数据支撑。

提高运营效率和乘客量，减少碳排放，缓解城市交通拥堵，提高公交出行分担率。

四、运营效果

（一）快速公交开通对客流的吸引

（1）线路布局合理，发车密度加大。现快速公交配置了171台快速公交车辆，因车辆数的增加，发车密度较之前有了大幅提高。客流高峰时段平均是3~4分钟一班，平峰时段是4~5分钟一班，低峰时段为6~8分钟一班。

（2）运行速度快。由于设置了快速公交专用道与信号优先系统，使得海州—在海一方单程运行时间缩短了近25分钟（原来海州—在海一方公交线路车辆运营时间为一个半小时，现在是65分钟）。有着快速公交专用道和信号优先系统这样得天独厚的优势，在一号线的基础上又开通了B1快线、B1直达线，便于更好地满足乘客实际乘车需求。

（3）乘车舒适度提高。候车、乘车条件发生了巨大变化，18米长LNG车辆属于国内公交顶级配置。在连云港快速公交系统购置前，国内还没有一家企业生产，连云港方面和相关专家研究探讨，按照一流配置设计生产，最终让国内第一批18米长的LNG车辆投放连云港，在社会上产生了很好的反响。这样，快速公交在行车安全性、行驶速度等方面有了可靠的保证与坚实的基础。

（4）运行稳定，正班正点率高。智能调度中心与二级调度实时、密切地监控车辆运行的状态，提高了车辆运行的正班正点率（正班率达99%、正点率90%），并及时地向车辆、站台发布实时、全面的车次信息，使乘客出行更加便捷。

（5）连云港快速公交采用站台售检票模式，这大大提高了乘客上下车的速度，进一步提升了整个系统的运营能力与效率。实现了智能化全覆盖，实现语音报站、智能提醒等使用功能。连云港快速公交站台无论外观、内饰及功能都是国内一流的，是国内最漂亮的快速公交站台。

（6）站务员、驾驶员实行统一着装，挂牌规范服务，通过开展星级站务员、标兵驾驶员评比活动，有效提高驾驶员、站务员的服务水平；让乘客体验到快速公交一流的环境与优质的服务。

（7）市民得到更多实惠。票价大幅下降，原海州—在海一方5元，新浦—墟沟4元，现一律实行2元，刷卡8折（1.6元），同台同向换乘免费。广大市民切切实实地感受到快速公交是一项惠民工程、民生工程，从中得到了实惠。

（二）快速公交客流增长来源

（1）由于快速公交新增了华北桥—海州段的线路覆盖，加上原普通公交转移客流与诱增客流，使得大批乘客涌向快速公交站台（约1.2万人次），这部分客流占据了增长量的35%。

（2）根据路面情况对比分析，有相当的私家车主不再驾车上下班，而选择快速公交为日常通勤工具，这部分客流占据了增长量的25%。

（3）原出租汽车专线的客流，现在都乘坐快速公交往返于开发区与新海城区，这部分客流占据了增长量的15%。

（4）部分工厂企业停开了原有的职工班车，从而选择以快速公交为主的通勤方式，这部分客流占据了增长量的10%。

（5）原乘坐非法营运车辆的客流，现几乎全部转向了快速公交，这部分客流占据了增长量的10%。

（6）客流的自然增长与快速公交的吸引力，这部分客流占据了增长量的5%。

快速公交客流增长来源分布，如图4-2所示。

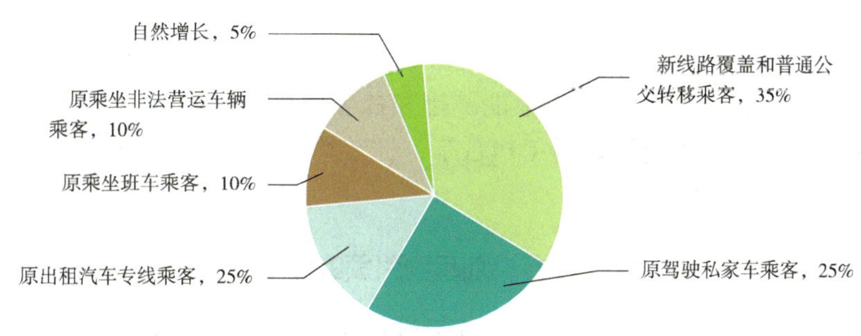

图 4-2 快速公交客流增长来源分布图

（三）快速公交的开行，促进连云港公交转型升级，彻底改变连云港市公交在全省的落后面貌

快速公交已成连云港市新型公交业态，快速公交自2012年10月1日开通试行以来，每天投入快速公交车辆171台，平均每天运送乘客达7.6万人次，乘坐快速公交已成为往来新海连城区的市民的主要出行方式。乘着这次快速公交建设契机，同时推进了常规公交的变革，整合了公交资源，充分发挥规模化、集约化、专业化管理运营效应。将全市原有589台公交车中的50%个人承包车辆转为公司化经营。这样做，有利于提升公交整体运行的品质，优化调整公交线路，将原有43条公交线路优化调整23条，净增加10条，变为现有的57条公交线路，使建成区公交覆盖率达98.2%，比之前增加了18个百分点，出行分担率由11%提高到19%，提前达到连云港市“十二五”公交发展目标。

（四）智能调度与智能售检票相结合，大大提高了车辆使用效率，引导了公众绿色出行，低碳环保、节能减排和社会效益明显

当前国家大力倡导节能减排，特别是城市公交更要向低碳方向发展，通过高品质的服务，提高公交出行分担率，降低人均燃料消耗量、减少车辆尾气排放，实现节能减排的目标。

在这种大形势下，建成了连云港快速公交智能售检票系统。该系统具有高度集成，全封闭，实时分类清算，及时反映各站点、各车辆线路、各时段客流等特点，并具有较好的拓展性和兼容性。该系统建成后，减少了车辆停站时间、提高了车辆运行效率、节约了旅客出行时间、提高了出行效率、减少了车辆尾气排放。普通公交乘客上车需要逐一进行刷卡、投币，不仅浪费时间而且车辆在等待的同时发动机还在不停运转（本系统

的车辆从进站到出站，乘客上车需要15~20秒），这不仅大大减少了乘客出行时间和车辆的停靠时间，还减少了车辆尾气排放和燃气消耗，达到了节能减排的效果，提高了企业的经济效益，取得了良好的社会效益。

同时利用智能调度系统和3G网络，将快速公交主线和支线的所有车辆信息、客流数据上传到智能调度中心，科学合理地对车辆运行班次进行调整，提高了车辆的运行效率，减少了车辆占用，节约了企业能耗，减少了尾气排放和减少了车辆空驶里程时间，真正实现了企业的降本增效和节能减排。

2015年底，该项目共涉及84个站台，171台车辆，投资近6.28亿元。运营以来，客流持续增长，引导了公众绿色出行，节能减排和社会效益明显。该项目实施以来，快速公交公司减少了10%的车辆使用数量（14台车），节约燃料952吨标煤，减少尾气排放2380吨，每年节约燃料成本243万元。

（五）快速公交开通对城市发展规划起到引领的作用

连云港城市呈东西带状布局，原本连云港市中心在新海城区，城市人口也大多聚集于此。因此，快速公交的修建主要为连接东西城区，快速公交的开通实现了城市繁华地区的扩展，从本质上开拓了城市市区的面积，发挥了快速公交的“城市引领”作用。

快速公交在改变居民的生活方式、方便市民出行、缓解城市交通等方面都将起到重要作用，同时将会推动沿线经济的发展。而对于经济发展的重要支柱产业——房地产，快速公交的建设也会为房地产行业的发展带来积极的影响。

随着快速公交线网覆盖范围扩大，公众对于快速公交会越来越熟悉，未来快速公交线网周边的土地升值也是势在必行。

提升城市群联系通道交通容量，满足多样化出行需求。连云港城市主轴线海连路，是城市群一体化发展的先行示范区，交通需求会大幅度增加；随着出口加工区、开发区、徐圩新区、临港产业区、新医药产业园等的发展壮大，未来新增通道条件有限。选择建设大运量公交系统能在有限的道路资源条件下，大幅度增加交通供给能力。为区域之间的连接、连云港各区地区产业、企业的发展提供了便利的交通出行条件，满足了各产业区职工的出行需求，极大降低了企业的通勤费用。

五、创新与亮点

连云港快速公交建设集城市规划建设、智慧城市发展、绿色环保出行等诸多元素，突出规划先行和政府引导，重视环境保护和生态建设，强化智能建设和智慧管理，加强空间管控和集约发展，强调城乡统筹和区域协调。使得城市向信息化、智能化发展。

站台建设方面与道路、城市家居综合规划、同期建设，广大市民亲切地称为“银鱼”站台，既考虑了连云港山海特色，又融入现代建筑元素；它的设计思路是,用建筑来表现出鱼的灵动和在波光中游弋的神采，用金属板和通透的玻璃结合钢结构骨架，体现动感、现代的气息。每个站台内安装了现代化自动检售票系统、班次运行信息显示系统等，包括售票间、安全门、弱电间，乘客信息显示屏等，既有为乘客服务的设施设备，也有保障运营管理的软硬件，同时，也为乘客提供良好的候车环境。

连云港市快速公交采用先进的智能调度和收费系统，它是一套建立在网络、通信、控制、计算机、信息处理基础上的智能化的新型公交服务集成系统。实现了对快速公交车辆的实时监控和智能调度，更好地发挥和提升了快速公交线路在公共交通中的重要作用，向广大乘客提供优质、便捷的公共交通信息服务。

连云港快速公交采用中央式专用道，全程小路口实现信号灯绿波优先，大路口实现信号灯相对优先，有效提高了快速公交车辆运营速度，使全程运行时间大幅缩短。

连云港快速公交建成后有效缓解城市交通拥堵，进一步提高了城市的交通出行环境，体现公交优先、以人为本的城市规划理念，为连云港市构建可持续发展交通体系作出示范。

第五章

盐城快速公交系统发展实践

一、城市背景

盐城市，隶属于江苏省，地处中国东部沿海中部，江苏省中东部，位于长江三角洲北翼。盐城市是江苏省面积最大的地级市，市域面积1.7万平方公里，常住人口721.06万人；其中市辖区面积4921平方公里，常住人口240万人。

近年来，盐城积极抢抓江苏沿海发展和长三角一体化发展两个国家战略机遇，大力实施城市化和城市现代化战略，城市功能不断增强，城市特色逐步彰显。截至2009年末，城市建成区面积达83平方公里，市区人口达66.3万人,但城市快速发展伴生的一些问题也日益凸显：市区交通拥堵、公交发展滞后、市民出行方式落后等。这些成为摆在市委、市政府和城市建设管理者面前的难题。学习外地经验，加快城市快速公交系统建设势在必行。

二、发展变迁

作为城市形象窗口行业的公共交通，也顺应着城市的发展步伐，在市委、市政府的大力支持下，取得了跨越式发展。《关于加快城市现代化进程做大做强中心城市的意见》中提出："坚持并落实公交优先发展战略，建设公交场（站）设施，完善城市公共客运服务体系。"2009年7月，被称为江苏长江以北第一条快速公交线在盐城解放路开工建设。2010年5月1日，BRT一号线及两条支线（B支1、B支2线）正式营运。新颖的中央侧式站台,长达18米的公交车吸引了大量市民前来体验。运营两个月，这三条线路共运送乘客约240万人次，是同期常规公交线路总客流量的近两倍。

为了让更多的老百姓从城市建设和发展中得到实惠，市委、市政府乘势而上，赴济南、广州等城市考察后决定在开放大道建设BRT二号线。2011年2月20日BRT环线（B2线）正式开通营运，全长15公里。与一号线不同的是，开放大道BRT站台为中央岛式站台，即BRT车辆停靠时，通过左侧开门供上下乘客，同一站台实行双向乘车、同台同向免费换乘。站台全长72米，可容纳约400人候车。与B2环线配套运行的B支3、B支4、B支5、B支6线也相继开通，"一主一环六支"BRT系统全部形成，全长156公里，贯通老市区、城南新区、开发区，与常规公交相辅相成，让这座美丽的城市血脉流得更畅。盐城

BRT线路，如图5-1所示。

图5-1　盐城BRT线路图

三、系统特性

盐城市委、市政府在学习省内常州、广东广州、河南郑州、山东济南等城市BRT建设经验的基础上，认真研究盐城市市区BRT的建设方案，最终确定以“分片发展，合力建城”的原则，市区BRT建设以世纪大道为界，分别由市城乡建设局和城南新区承担建设任务，由市土地储备中心承担解放路及道路两侧7个地块的拆迁任务，共投资59690万元。主要建设项目如下：

（一）专用道改造

在论证BRT线路道路改造的时候，选择了市区道路宽度条件较好的解放路和开放大道作为BRT主、环线道路。通过优化道路资源配置，压缩道路绿化带宽度，在不实施大规模道路拆迁的情况下，拓宽了BRT专用车道，并保证了道路改造前原有社会车辆的路权。

（二）站台建设

盐城市BRT站台分中央侧式站台和中央岛式站台，中央侧式站台长约47米、宽3米，可同时停靠2辆快速公交车，建在人民路、黄海路、解放路，共计两个首末站，20对中间站（已启用15对）；中央岛式站台全长72米、宽4米，同一站台可实行双向乘车，占用的道路资源比侧式站台节约2/5，共计1个首末站，7个中间站。BRT站台设有安全门、LED信息显示器、语音广播系统、售检票系统及信号传输、闭路电视、红外线周界防范等多项智能系统，站台高出路面35厘米，可实现乘客水平登车。

（三）智能化系统

盐城市快速公交智能化系统是一个综合性系统，在系统建设上采用先进的设计理念，易扩充、升级、管理和使用。整个系统涵盖GPS定位系统、GIS技术、全数字视频监控技术、短程通信技术、数字网络音频广播技术和企业应用集成技术等诸多技术。通过快速公交调度指挥中心实行对快速公交运营服务全程监控和管理。专用道上采用路口信号优先系统，为快速公交提供信号优先保障。

（四）BRT 车辆配备

主线使用20辆18米新型快速公交车，环线使用20辆12米双开门车辆。5条支线共投放80辆12米单开和双开门BRT车，车辆采用符合高环保要求的国III发动机。采用最新款具有防翻车系统功能的电控铰接盘、电子调度控制阀，具有高可靠性和稳定性。车内安装GPS卫星定位系统，滚动的停靠站信息提示、电子导乘图等先进的技术为乘客提供详细的乘车信息，并配有电脑自动报站器进行语音提醒。

四、运营效果

（一）改善了城市公共交通面貌

开通之初，BRT车辆是当时盐城市公交车单车造价最高、性能最优、配置最全的车辆，开启了公交空调车的先河，同时BRT系统实行智能化控制、信号优先、自动语音报站，其运力和运行效率是常规公交的两倍。而且BRT一号线末班车延长至晚上10时，其他支线末班时间平均在晚上8时，间隔时间平均在5分钟左右，所有BRT站台还可实行免费换乘,使盐城市公共交通的品质得到提升。

（二）改变了市民出行方式

BRT线路开通以来，其快速、高效、经济、舒适的运行特点受到广大市民的欢迎，客运总量逐年提升：2010年5~12月客运总量为995万人次，2015年全年客运总量达2835.2万人次，占公交总公司客流总量的30%左右。经有关部门统计，随着BRT的开通，2015年底盐城市的出行分担率比2009年提升了近12个百分点，广大市民对BRT的认可大大超过了预期的效果。

（三）优化了城市公交线网布局

2010年，为配合城市快速公交系统BRT的全面运营，盐城市适时优化调整了19条常规公交线路。近几年来，随着常规公交线路的增多，特别是大市区城乡公交一体化的实施，盐城市每年都要优化线路5~10条，实现常规公交线路与BRT线路的无缝对接，互相补充、互相配备。盐城市已形成以快速公交为主网向四周辐射延伸、覆盖大市区的城市公交网络，市区公交运载能力和服务质量均大幅度提高。

五、创新与亮点

（1）在论证BRT线路道路改造时，盐城市选择了道路宽度条件较好的解放路和已确定进行道路改造的开放大道作为BRT环线道路。在道路改造方案上，优化道路资源配置，在不实施大规模道路拆迁的情况下，保证了道路改造前原有社会车辆的路权，通过压缩道路绿化带等宽度，拓出了BRT专用车道。

（2）在开放大道BRT改造中还采用了中央岛式站台，实现乘客同台换乘，大大节省了道路空间。另外，盐城市在学习常州、广州、郑州、济南等城市BRT建设经验的基础上，认真研究谋划市区BRT的建设方案。经反复论证，最终确定“一主一环五支”的建设运营方案，即以黄海路、解放路、新都路、开放大道构成P字形BRT道路环线，经环线向外，分别辐射出开往火车站、沿海工业博览城等五条支线，P字形BRT道路环线覆盖了老市区主要客流密集区，并通过解放南路和开放大道两条南北向主干道，实现了老城区和城南新区的有效衔接。待2014年4月30日， B支6线开通，“一主一环六支”的快速公交系统最终形成。

（3）盐城公交将BRT作为服务亮点，培育典型，打造特色品牌。快速公交8条线路，有5个集体、4名职工相继获得市级以上荣誉称号，其中B1线荣获江苏省城市公交行业十佳文明公交线路、“刘飞温馨服务示范线”荣获全省优质服务品牌、全国交通运输行业文明示范窗口等荣誉称号。近几年来，人民日报、新华日报等各级主流媒体对盐城BRT作了报道，省内外政府、协会、公交企业等社会团体每年来盐城学习考察累计达50余次。

第六章

杭州快速公交系统发展实践

一、城市背景

杭州市是浙江省的政治、经济、文化和金融中心，中国七大古都之一，中国重要的电子商务中心之一。杭州以风景秀丽著称，素有“人间天堂”的美誉。市内人文古迹众多，有大量的自然及人文景观遗迹，是吴越文化的发源地之一，历史文化积淀深厚。截至2015年末，杭州市主城区常住人口总量为365.96万人；全市实现生产总值10053.58亿元；市区城市道路网长度达到2818.04公里；机动车拥有量202.16万辆，其中私人汽车拥有量165.78万辆。

二、杭州快速公交发展

2006年4月26日杭州快速公交B1线开通运营，该线西起黄龙公交中心站，东至下沙高教东区，全长23公里。作为全国第二条快速公交线路，尽管快速公交一开始受到了一些争议，但随着1号线客运量的优异表现而逐渐被社会接受，1号线最高日客运量甚至一度超过10万人次。随后杭州又相继建成了B2、B3、B4、B7等线路，截至2015年底，线网规模已达119公里，已成为国内快速公交网络规模最大的城市。

（一）快速公交投资情况

杭州快速公交是在原有道路上建设的，建设费用相比其他城市要低。按5条线路119公里，总投资约为4.82亿元（未对道路进行改造）计算，平均每公里投入405万元。

（二）快速公交线路基本情况

B线：黄龙公交站至下沙高教东区（区间为下沙城和沿江居住区），2006年4月26日开通运营。线路长度为32.5公里，设置44座中途站，3座始发站。该线线共配车55辆，日均客运量3.8万人次。全天共计发车220次，历史最高日客运量为14万人次。日均行驶总里程折合标准里程为22138.57公里。发车间隔最小2分钟，最大为10分钟，平均发车间隔为6~7分钟。车辆在专用道上行驶的平均车速约为45公里/小时。

B线：三墩公交站至市民中心（区间为蒋村公交站至市民中心），2008年10月1日开通。线路长度为22.5公里，设置46座中途站，3座始发站。该线线共配车44辆，日均客运量3.2万人次。全天共计发车186次，历史最高日客运量为8万人次。日均行驶总里程折合标准里程为15058.49公里。发车间隔最小3分钟，最大为10分钟，平均发车间隔为5~6分钟。车辆在专用道上行驶的平均车速约为20公里/小时。

B线：丁桥公交站至吴山广场，线路长度20公里。目前已建成丁桥公交站至莫衙营（一期），2010年2月15日开通。线路长度为16.2公里，设置24座中途站。该线线共配车26辆，日均客运量2.6万人次。全天共计发车220次，历史最高日客运量为2万人次。日均行驶总里程折合标准里程为8537.1公里。发车间隔最小3分钟，最大为12分钟，平均发车间隔为7~8分钟。车辆行驶的平均车速约为16公里/小时。

B线：火车东站至闲林埠（区间为火车东站至中泰公交站），2011年12月30日开通。线路长度30.6公里，目前已启用28座中途站。该线线共配车28辆，日均客运量2.5万人次。全天共计发车203次，历史最高日客运量为5万人次。日均行驶总里程折合标准里程为16078.46公里。发车间隔最小3分钟，最大为12分钟，平均发车间隔为7~8分钟。车辆在专用道上行驶的平均车速约为25公里/小时。

B7线：焦家村公交站至崇贤，2015年5月1日延伸，线路长度17.2公里，目前已建成22座停靠站和2座始发站。该线线共配车11辆，日均客运量0.88万人次。全天共计发车60次，历史最高日客运量为1.2万人次。日均行驶总里程折合标准里程为2351.90公里。发车间隔最小5分钟，最大为20分钟，平均发车间隔为14~15分钟。车辆行驶的平均车速约为18公里/小时。

三、杭州快速公交特征

杭州快速公交系统在规划、建设、运营、管理中突出人文化、人性化、智能化和公交行业特色化的特点。

（一）线网规划

杭州快速公交线网的规划，立足市民群众基本出行需求，以武林广场为线网的核心，连接主要的交通枢纽点、商贸中心和人口集聚区域，充分考虑城市发展、交通结构变化和引导土地开发等因素，经过了2005年、2010年两轮规划和调整，快速公交线网规划由原来的线路规划调整为快速公交通道规划，规划线网长度由162公里延长到快速公交通道427公里，规划线路条数由9条增加到通道18条。快速公交线网逐步向城市周边的主要人口集聚点延伸，覆盖整个城市。同时，在场站规划方面，充分考虑到快速公交车辆就近停放和首末站、换乘枢纽设施的规划建设。

（二）线路组网模式

结合城市布局、交通结构和客流特点，为使快速公交网络覆盖面更广、受益人群更多、客运量更大，杭州公交集团在充分快速公交专用道通行能力和利用效率的基础上，于2006年7月，在快速公交B1线开通后，相继开通了5条快速公交支线，6条接驳线，并导入9条同向换乘线，使快速公交B1线线网覆盖城市主要人口集聚区域，日均客运量由开通初期的2.6万人次增加到6.5万人次。

（三）推行同台免费换乘

根据市民的公交出行需求，结合快速公交线路组网模式和票价票制特点，为进一步提高快速公交的吸引力，2006年7月，杭州公交集团在快速公交B1线上推行主线与支线同台免费换乘，即在快速公交站点换乘的乘客不需步行即可实现换乘，同时换乘其他线路不需再次购买车票。经统计，杭州公交同台免费换乘最大的站点日均达到1万以上人次。

（四）站台设计及设备开发

根据快速公交运营服务特点、乘客乘车流线和站台摆放空间布置，杭州公交集团在学习库里提巴和北京快速公交1号线先进经验的基础上，借鉴和分析轨道交通设施配置标准，对快速公交站台功能进行了定位、对布局进行了分区，率先设计建设了半封闭站台，并与杭州市区的城市风格相协调。同时，对站台门和售检票系统设施（闸机）进行联合开发，率先应用了具有公交特色的半高站台门和一机双三杆的闸机。

（五）建设智能公交系统

杭州快速公交在站台设计、建设时，同步增加了光纤接入，双向站信号无线连接，以及视频监控、周界防范、LED来车信息播报、广播系统等功能。快速公交车辆及支线车辆全部安装了GPS车载设备。在调度监控中心对运营车辆和站台实行实时监控，无纸化调度。在公交专用道安装了路口优先通行控制设施。

（六）采用大容量快速公交专用车辆

根据快速公交线路的客流规模，杭州快速公交采用18米低地板铰接式空调城市客车，额定载员达160余人，采用当时最先进的欧III排放标准的发动机。同时快速公交及支线车辆统一使用红色，方便乘客识别，体现了安全、舒适、环保、人性化的特点。杭州快速公交枢纽站和车辆，如图6–1所示。

四、运营效果

（一）快速公交网络效应明显

截至2015年末，杭州快速公交系统已开通了5条主线（B1、B2、B3、B4、B7线），13条支线（B支1、B支2、B支3、B支4、B支5、B支6、B支7、B支8、323、509、900、508、96路），9条接驳线（193、303、306、171、382、173、389、386、349）。设置了同台免费换乘站45座，形成46条线路同台免费换乘，快速公交网络服务面覆盖城市人口集散的区域。平均运送速度达到20公里/小时。每天约有50万人次享受快速公交便利，约占杭州公交总客运量的12%，同时每天约有6.5万人次享受同台免费换乘优惠，进一步吸引了更多的交通出行者选择快速公交出行，为缓解城市交通拥堵起到了积极有效的作用。

图 6-1 杭州快速公交枢纽站和车辆

（二）快速公交的核心依然是专用的路权

由于杭州快速公交专用道设置在道路路侧，B3线、B4线、B7线部分路段未设置快速公交专用道，以及在道路管理执法等方便的多变性，使得杭州快速公交通道通行能力达不到设计目标，线路运营的稳定性不高，快速公交运送速度难以提高，吸引力下降。

（三）轨道交通建设、开通对快速公交影响较大

由于杭州市先有快速公交规划，后再调整轨道交通规划，使得轨道交通线网与快速公交线网重叠较多或走向近似。由此带来：一是轨道交通车站建设对现有快速公交运营

影响很大，部分快速公交站点面临迁移、调整；线路运营速度、运营秩序受到较大的影响。二是轨道交通线路开通后，由于其运输能力、运送速度、准点率、舒适性都高于快速公交，大量分流了快速公交的客流，使得快速公交客流持续下降。

五、创新与亮点

（一）率先启用了半封闭站台

杭州市快速公交是国内首个采用半封闭站台的项目，率先启用了售检票系统、站台门系统、视屏监控系统、周界防范系统、乘客信息服务系统、路口信号优先通行系统、智能化调度系统等，并结合公交运营服务特点和站台结构，开发应用了具有公交特色的闸机和站台门等。

（二）实现快速公交同台免费换乘

为吸引更多的乘客乘坐快速公交，杭州市在开通快速公交B1线的基础上，构建了快速公交网络体系，开通快通快速公交支线，并形成了同台免费换乘体系。

（三）尝试应用移动支付方式

杭州公交加强与支付宝、银联等机构合作，完成了快速公交使用支付宝、银联卡等移动支付应用的技术开发，并计划在快速公交B1线上试用。

六、小结

杭州快速公交为提高城市品质、治理城市交通拥堵、方便市民群众交通出行起着积极重要的作用。同时，杭州快速公交的建设，为国内城市快速公交的规划、建设提供了多角度的经验借鉴，尤其快速公交站台设备开发、主支线组线模式、同台免费换乘等的推广应用，有力推进了快速公交的发展。同时，路侧快速公交专用道所存在的问题，也给兄弟城市快速公交的建设提供了经验教训。对此，在建设中要尽可能按高标准建设快速公交，并要同时构建公交客运廊道。

第七章

绍兴快速公交系统发展实践

一、城市背景

绍兴位于浙江省中北部，钱塘江南岸，东连宁波市，南临台州市和金华市，西接杭州市，北隔钱塘江与嘉兴市相望，水网密布，有“东方威尼斯”美誉。绍兴市下辖越城区、柯桥区、上虞区、诸暨市、嵊州市、新昌县，总面积8279平方公里。2015年绍兴市生产总值4470亿元，位于全省第4位，实现财政收入546.34亿元。2014年末绍兴市总人口443.04万人，常住人口274.16万人。民用汽车拥有量111万辆，其中汽车74万辆。

二、快速公交建设背景和意义

快速公交是完善城市基础设施，改善城市形象，提高公交服务能力的重要举措，也是加强城市交通管理，缓解城市交通拥堵，广大市民便捷、舒适、安全出行的重要保证。快速公交作为缓解城市道路拥堵，提升公交出行分担率的有效手段，以其投入成本低、运载能力强、通行速度快等优点受到推崇。近几年来我国各大中城市都在积极建设和不断完善快速公交线路。绍兴顺应公交发展趋势，根据自身城区面积较小、道路狭窄、居民小汽车保有量高等城市特点以及结合绍兴北站大型交通枢纽站的投入使用，提出建设快速公交系统，并力争将绍兴快速公交打造成居民出行首选的公共交通工具。

三、快速公交发展变迁及现状

2011年9月，时任市长钱建民主持召开规划管理委员会会议，听取了《中心城市快速公交线网规划》报告，并通过了在绍兴建设快速公交的决策部署。

2012年4月26日，绍兴市政府召开关于快速公交建设有关问题的协调会议，会议上提出为配合绍兴高铁北站启用，根据《中心城市快速公交线网规划》，先期开展快速公交1号线高铁站至环城南路段的建设。同年绍兴快速公交工程正式进入施工建设阶段，建设内容包括快速公交专用道改造；首末站、换乘枢纽站、中间站以及站台建设；车辆采购；智能管理系统等。绍兴正式进入建设快速公交城市行列。

2014年《绍兴中心城市公共交通规划》出台，在原先市规划局制定的《中心城市快速公交线网规划》的基础上，对绍兴市区的快速公交作了补充规划，提出8条快速公交线路的线网规划方案，见表7-1。

快速公交线路规划 表 7-1

编号	线路名称	起点站	终点站	线路长度	途径路段
1	BRT1 号线	绍兴高铁北站	越城首末站	21.12	柯袍线、中兴大道、中兴路
2	BRT2 号线	柯桥首末站	生态首末站	28.35	轻纺城大道、二环北路、人民路
3	BRT3 号线	绍兴高铁北站	城东首末站	22.75	站前大道、二环西路、城南大道、平江路、涂山路、二环东路
4	BRT4 号线	柯桥首末站	袍江首末站	25.05	轻纺城大道、稽山路、群贤路
5	BRT5 号线	绍兴高铁北站	滨海新城	25.04	柯袍线、329 国道、越兴路、世纪大道
6	BRT6 号线	客运中心	上虞火车站	28.58	二环东路、104 国道
7	BRT7 号线	袍江首末站	上虞汽车东站	23.29	群贤路、人民路、舜江路
8	BRT8 号线	绍兴高铁北站	钱清公交站	16.83	绸缎路、金柯桥大道、钱陶公路

绍兴快速公交线路，如图7-1所示。

2013年7月1日绍兴首条快速公交正式开通运营，线路编号为BRT1号线；2014年12月18日，BRT5号线开通运营。BRT1号线全长22公里，中间停靠14对站台，日行程4525公里，配14米金龙客车30辆，配驾驶员29名，日发班次99趟次，日客流1.1万人次；BRT5号线（一期）全长30.5公里，中间停靠4对站台，日行程1020公里，配12米油电混合的新能源车6辆，配驾驶员5名，日发班次16趟次，日客流800多人次。

四、快速公交系统组成结构及特性

绍兴快速公交系统积极贯彻高品质、高效率、低能耗、低污染、低成本的相关要求，从建设到运营充分体现以人为本，构建和谐交通的理念。快速公交系统采用先进的公共交通车辆和高品质的服务设施，通过设立公交专用道以及智能信号灯优先通行等举措实现快捷、准时、舒适和安全的服务。快速公交系统主要由以下五部分组成：

一是专用路权。通过设置全时段、全封闭、形式多样的公交专用道，提高快速公交的运营速度、准点率和安全性。

二是先进的车辆。配置大容量、高性能、低排放的公交车辆确保快速公交安全、舒适、快捷和智能化的服务。

三是设施齐备的车站。提供水平登乘、车外售检票、实时信息监控系统和有景观特色的建筑。为乘客提供安全、舒适的候车环境与快速方便的上下车服务。

四是面向乘客需求的线路组织。采用直达线、大站快运、常规线、区间线各支线等灵活的运营组织方式，更好地满足乘客的出行需求。

五是智能化的运营管理系统。运用自动车辆定位、实时营运信息、交通信号优先、先进车辆调度，提高快速公交的营运水平。

图 7-1　绍兴快速公交线路图

五、快速公交主要功能介绍

（一）智能信号灯控制

为确保快速公交高效、准点运行，充分体现公交优先通行权，市区除设置了14.5公里的公交专用道供BRT车辆通行外，还设置了交通信号灯优先系统，对客运中心到绍兴北站沿线的14对信号灯路口安装了该系统。它的原理是在BRT车辆接近交叉路口时利用RFID读写器检测后，进行身份识别和配时调整。当BRT车辆接近路口遇绿灯时，则适当延长当前的绿灯相位时间8秒，保证BRT车辆顺利通过路口；当BRT车辆接近路口遇红灯时，则缩短红灯信号周期，提前12秒转入BRT车辆行驶的绿灯相位，从而减小BRT车辆在交叉路口的等候时间，确保公交优先通过。其余路段虽然不是专用道，但路况较好，全程平均运营速度达到27公里/小时，极大地提升了乘客运载率和线路班次准点率。

（二）中间站台设置

快速公交站台多布置在路口附近、常规公交站点旁，以方便乘客进出和换乘常规公交线路，站台分为南、北两种风格；站台设施齐全，在各种恶劣天气下，能为乘客提供安全舒适、无障碍的候车环境；站台与快速公交车门平行，极大地方便了携带大件行李和老年乘客的上下。每个站台设有安全门、LED信息显示屏、语音广播系统、闭路电视、售检票系统及信号传输、红外线周边防范等智能系统。安全门安装防夹系统和红外线控制系统，最大限度地保证了乘客的安全；LED屏显示车辆到站距离，减少乘客候车焦急情绪；进出站闸机和售检票系统，实现站台售票检票，通过3个门同时上下客，缩短乘客上下车时间，提高快速公交的效率。

（三）专用车辆配备

为保证BRT1号线路快速运作，实现“快速、高效、大容量”的营运目标，公司引进了30辆低地板、低入口，大开门式公交客车，在技术性方面，1号线所配备的车辆，其配置较高，该车与普通公交客车相比，在技术性、科技性、舒适性、安全性四大方面，均有着突出优势;该车长14米，是目前绍兴最长的公交客车。其次，车厢空间大，最高可载客132人，也是目前绍兴荷载人数最大的城市公交客车。同时，该车搭载了大功率发动机，运行动力相当充足，还配置了美国进口的自动变速器（艾里逊），使驾驶员的操作更加简单、平稳、顺畅。其带有的液力缓速器，改变了原先公交车换挡时的顿挫感。

快速公交车辆的科技应用较多，促进了节能减排。配置了ECO-Driving节油系统、LED车内箱灯、多媒体视频播放系统、GPS定位系统及3G视频监控系统等科技设施。首先，ECO-Driving节油系统，它是通过电脑的分析，以最经济的方式控制发动机进油量，可使整车减少油耗10%左右。其次，LED车内箱灯的使用，替换了原先公交车上的长通道灯的形式，大大降低了整车的能耗，与节能降耗的理念相互互映。

BRT车辆在舒适性方面，也处处体现人性化。该车搭载了德国进口的空气悬架，可以根据道路的起伏不同调整底盘高度，适应多种路况条件下的驾驶需求，大幅提高乘坐的舒适性。BRT车辆还开通了适合残疾人上下车的踏板通道，并搭载了ECAS控制系统。在使用时，整车可以向右侧倾斜，伸出踏步到站台，大大方便残障人士上下车，并且在车内还设立了轮椅停放区，这是绍兴BRT车辆的一大特色。5号线车辆配置与1号线大致相同，只是车型换成了12米油电混合新能源车。

（四）智能化系统

绍兴快速公交智慧交通控制系统是绍兴快速公交BRT1号线交通系统中的重要组成部分。系统在目前主流的智能交通系统基础上，进一步继承了GPS技术、GIS技术、RFID技术、传感感知技术等最新的物联网核心技术，建立起集公交指挥调度、运营管理、信息发布、安全监控、乘客服务于一体的实时、准确、高效的综合智能管理系统，从而实现“人—车—路—站”一体化、智能化的监控、调度、管理及服务。满足绍兴快速公交运营所需的“业务数据—资金数据—信息数据”三位一体的现代化管理要求，实现高效运营、优质服务、规范管理的运营目标；充分发挥公交优先、合理调度、快速上下、安全舒适、人性化服务的功能。该系统的建立将极大提升绍兴市快速公交系统的管理水平和运营效率，并为乘客提供及时、准确、全面的运营信息服务和一个安全、舒适的候车环境。绍兴快速公交智慧控制中心，如图7-2所示。

图 7-2 绍兴快速公交智慧控制中心

该系统主要由以下八大子系统构成，分别为车辆定位及实时监控系统、智能实时调度系统、核心网络通信系统、视频监控及安防系统、乘客信息服务系统、客流分析评价系统、智能站台系统、行车安全及预警系统。

六、小结

快速公交线路是“BRT线路+城市骨干线路+城市普通线路+区域二级线路”公交线网框架结构的重要组成部分。特别是快速公交配套的公交专用道设置、智能信号灯控制充分体现了公交优先通行的理念。快速公交2条线路开通以来，以其高效的运行以及良好的乘车环境逐渐吸引了广大市民。特别是BRT1号线作为绍兴市首条快速公交线路，从开通至今一直受到广大市民的极大关注。线路客流量从最初的日均6000人次上升为11000人次，双休日及节假日更可达到12000~18000人次。2015年客流总量达到382.7万人次。目前，BRT1号线已成为绍兴市民的首选出行工具。

第八章

金华快速公交系统发展实践

一、城市背景

金华市位于浙江省中部，为省辖地级市，以境内金华山得名。南北跨度129公里，东西跨度151公里，土地面积10942平方公里。东邻台州，南毗丽水，西连衢州，北接绍兴、杭州。金华市设婺城、金东2个市辖区，辖武义、浦江、磐安3县及兰溪、义乌、东阳、永康4市，共有76个镇、36个乡、39个街道。2014年末总人口475.07万人，其中市区95.09万人；非农业人口109.93万人，其中市区32.66万人。

二、发展变迁

2014年《金华市政府工作报告》将市区快速公交系统列为2014年市政府重点建设项目之一，由金华市暨军民市长、金中梁常务副市长进行重点督办。由金华市交通投资有限公司承建BRT一号线的相关建设工程，金华市公交集团有限公司组建快速公交运营管理公司，2015年10月金华市快速公交有限公司在金华市政府的要求下正式成立。金华市BRT一号线于2015年2月12日正式投入运营，线路起点设在浙江师范大学，终点在金华市体育中心，总投资1.46亿元。

三、系统特性

（一）线路布设

BRT一号线在充分酝酿、满足金华百姓出行的前提下制定了科学的营运计划，该线起点设在浙师大，终点在市体育中心，单程13.8公里（未含尖峰山支线，如含支线全长为15.5公里），沿途设13对站台，三个首末站（目前道路改造正在建设2.5对站台）。充电桩建成使用7个，其中浙师大首末站2个、体育中心首末站2个、尖峰山场站3个。

（二）车辆配备

车辆采用青年汽车生产的纯电动JNP6123BEV车型新能源汽车，投放车辆34台。根据实际运用情况来看，车辆的续航能力、载客量完全能满足该线路的运营，采取起、终点站两边快充6分钟的浅充浅放的模式补充电，电池蓄能达90%~95%以上。该车型由于采取无级变速模式，操作方便、简捷，减小了驾驶员的劳动强度，电机输出转矩大（最大功率可以达到270千瓦），动力强劲，构造简单实用，可靠性强、故障率低、噪声小、维护方便。金华BRT一号线是全国首条纯电动快速公交线，实现真正意义上的零污染、零排放，全年折合减少二氧化碳排放387吨，减少烟尘730吨。BRT一号线目前首班车6：00，末班车21：30，间隔3~5分钟，安排每车每天七班，日运营班次196班，日行驶里程约5500公里，车辆耗电量在1.27度/公里（含空调），每天运送客流平均在2万人次左右（包含换乘人次），最高峰值达到3.4万人次。金华快速公交线路，如图8–1所示。

（三）创服务品牌

BRT一号线开通后社会各界对营运速度、乘车的舒适度、间隔的密度交口称赞，特别是班次频率大，减少了乘客乘车等候时间，对间隔过近、过大车辆，通过智能信息系统及现场管理手段进行人为干预，保证间隔时间基本控制在了3~5分钟，乘客反映非常好。BRT一号线开通配套了9条线路进入BRT通道进行免费换乘，可以说已基本覆盖了市区各大区域。免费换乘线路多给了乘客实实在在的让利，这一点在开通初期还没有体现，经半年的运营后，很多换乘点就出现大密度的换乘人流，特别是体育中心和后山村、人民广场、北苑的换乘站点，每天都有数以千计的乘客进行免费换乘，乘客反映良好。推出一系列的服务便民亮点：半点、整点播报服务、文明用语；站点投放爱心便民伞；早、晚高峰期走出站房站立服务；规范仪表、仪容、站姿微笑服务，倡导“无饮食车厢”；安放急救箱，车厢内制作文明、环保等动画、招贴画宣传片；站台内设立IC卡办理点及不定时地安排“文明劝导员”进行文明劝导工作。2015年8月，由BRT团队领衔的代表市国资委系统参加市文明办、宣传部、广播电视台主办的“为文明服务点赞”竞赛活动中，取得了复赛、决赛第一的好成绩，荣获“文明服务示范窗口”的称号。

（四）展现综合效益

BRT一号线贯穿市区南北主要交通枢纽，一号线开通后市区前往浙师大和体育中心的市民明显增多，上半年在体育中心组织多场大型活动：动漫节、相亲大会、万人瑜伽表演等活动人流基本都是通过BRT到达及疏散，方便了活动人群，得到了广泛的好评。盛夏来临后，前往体育中心夜间锻炼的人流达上万人次以上，因为BRT一号线运营时间末班车为21：30，所以越来越多的市民借BRT进行健身，繁华了市体育中心，场馆设施得到了充分利用，社会效益显而易见。可以说BRT车辆涵盖的区域带动了社会综合的发展，站台附近的商家及楼盘也随之得到上涨，受到好评不断。

（五）打造互联网＋BRT模式

借助BRT一号线开通，金华公交微信网络公众服务平台“金华行”同步上线，进一步明确了金华公交“互联网+”的新思维，快速公交以此为契机大打网络牌，在公交集团公司“金华行”微信平台上推行“2元玩转金华”的BRT出行攻略，将免费换乘的理念通

图 8-1　金华快速公交线路图

过互联网传播出去，倡导公交出行。在公交集团公司推出为期一个月的“蓝天下，金华行”公益活动后，发放免费BRT电子乘车券5万余张，一号线客流大幅上升，随着APP网络终端的放开和金华公交“金华行”微信平台的扩容，市民对公交和BRT认识还会加深，乘客也会进一步认可BRT的换乘理念，倡导公交出行、绿色出行、低碳出行的理念将进一步加强。相信在相关线路陆续推出免费换乘之后，客流指数、营收数据将会进一步上升。金华行互联网流动商业街，如图8-2所示。

图 8-2　金华行互联网流动商业街

（六）节能减排功效凸显

金华市BRT一号线成为能源成本降低明星。BRT一号线全部为纯电动车辆，能源成本为车辆耗电费用。2015年2~8月能源成本129.07万（车辆耗电量142.17万千瓦时，平均电价为0.908元/千瓦时），百公里耗电128.18千瓦时，百公里能源成本116.39元，比柴油车176元（百公里耗油32升×5.5元/升）下降约60元。

（七）专用道建设

BRT一号线建立之初提出的是专车专通的概念，车辆在BRT专用道上行驶，社会车辆在每天6:00~22:00期间禁入，这样可以大大加快车辆运行的速度，切实体现快速公交的“快”。因为金华市区道路资源的局限性，市区主干线的车辆堵塞严重，从2015年5月1日起金华市区BRT专用道在高峰期和节假日有限放开，供社会车辆共同使用，也使得整个营运速度有所下降，对营运的冲击还是有很大影响，但是由于社会各界的认知度已经形成，目前BRT专用车道受到社会车辆干扰情况还是比较少的（高峰时段除外）。

四、强化管理，创新求实

金华市BRT一号线开通后，针对公司员工工作经验欠缺、自我约束力不稳定、技能水平不够硬的实际情况，公司管理人员严把入门关，通过不断地强化教育培训，从根本上提高了基层工作人员的思想觉悟，并通过多方面招收优秀驾驶员进行理论、礼仪、文化教育，全面改变了传统驾驶员的精神面貌，打造出了一支驾驶技术过硬、服务意识完善的驾驶员队伍。由于该线路采用的车型为青年牌JNP6123BEV纯电动车型，工艺要求以及对充电系统和相关用电设备的要求非常严格，该车型为国内首创，没有任何实践经验可以借鉴。为此，公司上下多次组织驾驶员对电动车性能进行培训，并抽调集团顶尖修理人员常驻汽车制造厂家，从车辆制造开始全面进行学习，掌握电动车辆的实际操作性能，为新能源车辆的技术服务和安全运行提供了有益的探索、尝试和切实的保障。

五、小结

快速公交开通至今已经初步形成了一套较为科学、合理、规范的营运管理模式，公司运营规范有序、公司管理工作卓有成效。已经接待过来自香港九龙巴士、十五国海外学子、上海、广州、南京、兰州、苏州、连云港、杭州、温州、青海等省内外公交，几十家国内外兄弟单位和专家学者前来参观交流，对金华市公交集团推出的互联网思维，对金华快速公交的运营模式、环保理念、服务质量交口称赞。金华市快速公交有限公司感谢社会各界的关心和支持，一定会总结好经验、克服困难，将BRT一号线的各项工作做得更好，树立全国中、小城市快速公交的精品样板、示范线路，并为金华BRT二号线建设、开通做好铺垫和借鉴工作。

第九章

舟山快速公交系统发展实践

一、城市背景

舟山市是我国第一个以群岛建制的地级市，隶属于浙江省，地处中国东部黄金海岸线与长江黄金水道的交汇处，背靠长三角广阔经济腹地。舟山拥有1390个岛屿和270多公里深水岸线，是中国第一大群岛和重要港口城市，区域面积2.22万平方公里，其中岛屿陆域面积1440平方公里，下辖定海、普陀两区和岱山、嵊泗两县，常住人口114.6万人。

二、快速公交基本情况

舟山公交目前有快速公交1条，即舟山快速公交1号线，该线筹建于2013年4月，完工于2013年9月，全程25公里，起讫站为定海东门站和普陀东港站，双向共设20个站台，采用2元一票制（刷舟山市民卡享受8折优惠，60~70周岁享受半价，70周岁以上全免），串联起定海、新城、东港舟山本岛三个主要区块。日发班次116班，发车间隔5~10分钟，共投入30辆LNG天然气公交车。站台设计风格根据三个城区的特色分为“古城印象”“多彩新城”“海上水立方”。日常通过智能调度模式进行运营，站内LED显示屏能显示车辆到站距离或发车时间，为市民提供准确的车辆信息。

三、建设过程

2013年4月，舟山决定启动首条快速公交线工程建设，并明确要求在国庆节前通车运行。这是市委、市政府情系民生的一项重大决策，旨在治理城市交通拥堵、有效改善民生、提升城市功能。舟山公交被确定为该工程的主要参建单位。当时，舟山公交刚刚完成改制分设，实现独立运作，各项管理机制尚待成熟。一般来说，一条快速公交线从着手编制规划到建成投运得用1年时间。而舟山快速公交1号线要在短短五个月内建成并运行，这个速度真是不敢想象。

这是一场与时间的赛跑。在舟山市交通运输局和交投集团帮助支持下，从组建站务公司到新上岗站务人员培训，从站台设备采购到安装调试，从车辆采购、驾驶员选拔培训到营运线路整合，工作一项又一项，具体而又繁杂，公司制定了详细的工程进度表，一项一项、一步一步推进，经历种种困难之后，终于2013年10月1日顺利实现通车。

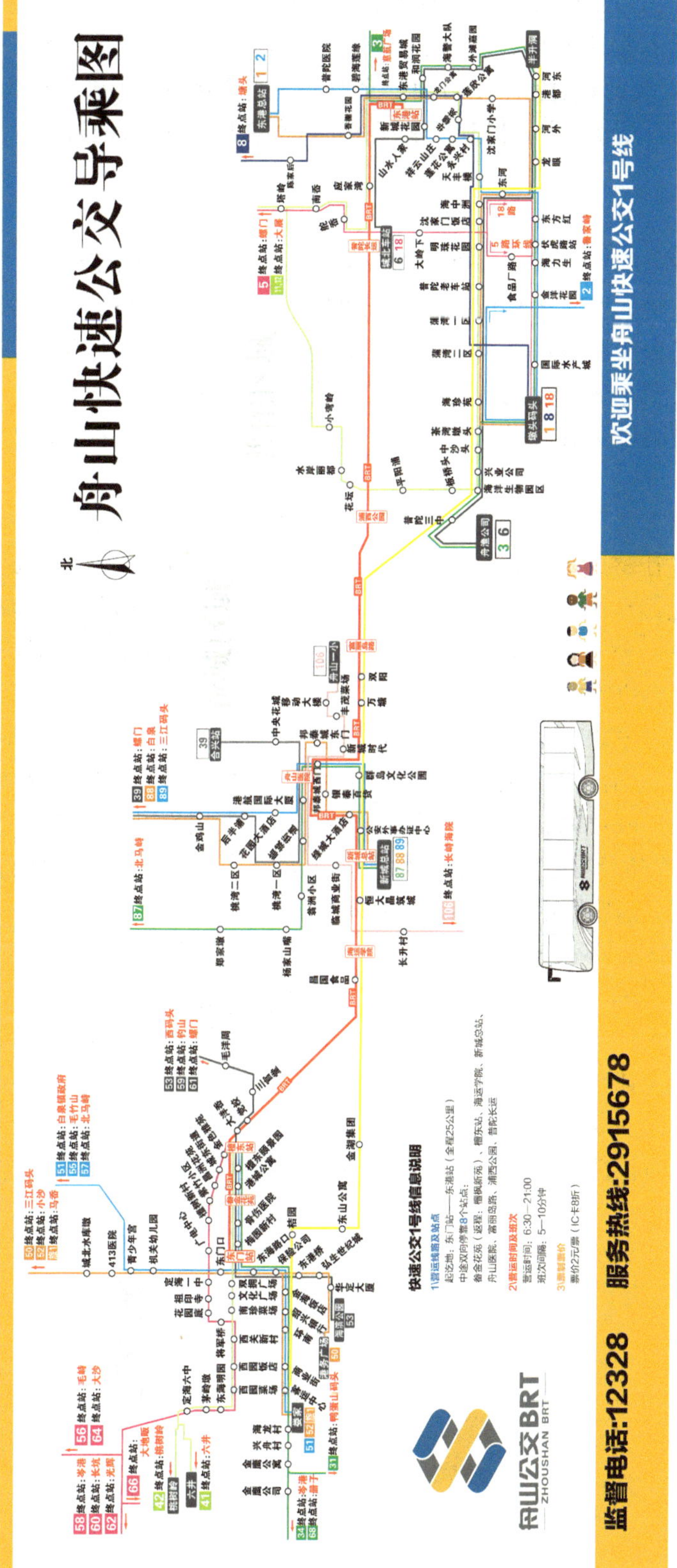

图 9-1　舟山快速公交导乘图

快速公交自2013年运行以来，日均客流量从7000人次左右增加到约12000人次。目前，快速公交运行提速明显，基本实现了“25分钟到新城，50分钟到东港”的预期目标。快速公交1号线的开通实现了舟山公交史上快速公交零的突破，成为浙江省第三个拥有快速公交系统的城市，大大提升了浙江舟山群岛新区的城市品位。

四、线路特色

打造“智慧公交”。首先在快速公交1号线上试行智能调度模式，通过智能调度，有效掌握线路车辆的实时运营情况，准确测定车辆所处地理位置，科学控制车辆行驶间距，大大提升了公交服务水平及运营效率。通过试点优化，2015年提高智能调度的覆盖面，实现所有运营车辆的智能调度，舟山公交全面向智能化公交迈进。其次实现常规公交与快速公交的同台换乘，打破线路单一化格局，实现常规公交与快速公交1号线的客流互通。

打造“车厢文化”。每一辆快速公交的车厢里，都在宣传中国传统文化，诗经、论语、24孝故事，让整个车厢充满书香气，让快速公交带动文化涵养的提升。从2014年开始，在快速公交站台设立了“读书加油站”，满足市民候车时的阅读需求，深受广大乘客的欢迎和好评。公交事业除了发展速度外，还承载了别样的社会责任，那就是提升城市文明程度。舟山快速公交导乘，如图9-1所示。

积极落实一项项政府的惠民举措。自2013年11月1日起，本岛所有常规公交实现了与快速公交1号线一小时内双向免费换乘。2013年10月13日起，本岛公交线路全面实行老年人优惠乘车政策，60~69周岁的老人享受半价优惠，70周岁以上的老人可免费乘坐。2014年11月1日起，本岛所有公交线路实现1小时免费换乘。2016年6月2日起，市级道德模范可免费乘坐公交。这些民生善举都干在前列，落到实处。

每一位公交人，都深知责任重大，使命光荣，发展公交事业是一个只有起点，没有终点的实践过程；是一个只有逗号，没有句号的永恒课题。舟山市将一如既往地朝着打造新区“安全便捷、经济舒适、智慧环保”的高品质公交，向着“文明相伴、满意公交”的发展目标加速前进。

迄今为止，快速公交1号线先后获得舟山市工人先锋号、浙江省工人先锋号荣誉称号；快速公交站务团队获得舟山市五一巾帼标兵岗等荣誉称号。

第十章

合肥快速公交系统发展实践

一、城市背景

合肥，安徽省省会，古称庐州、庐阳。安徽省的政治、经济、教育、金融、科技和交通中心，皖江城市带核心城市，合肥都市圈中心城市，长三角城市经济协调会城市，长江中下游城市群副中心城市，同时也是华东地区综合交通和通信枢纽之一。位于安徽省正中央，长江、淮河之间、巢湖之滨，襟江拥湖，沿海腹地、内地前沿、具有承东启西、贯通南北的重要区位优势。现辖肥东县、肥西县、长丰县、庐江县和巢湖市以及瑶海区、庐阳区、蜀山区、包河区四个行政区。总面积达1.14万平方公里，截至2015年末，全市户籍人口717.72万人，常住人口779万人，2015年全市实现地区生产总值5660.27亿元。2015年末，民用汽车拥有量116.88万辆，其中，私人汽车拥有量96.43万辆。

二、发展变迁

2007年初，合肥市成立快速公交系统筹备工作小组。由市领导任组长，市建委、市规划局、市城投公司、市重点建设工程局、市交警支队、市公交集团等单位参加。快速公交一期选择徽州大道南端、徽州大道、市府广场。公交专用车道长度约8.8公里，规划快速公交1号线。二期选择长江西路、长江中路、市府广场、长江路、长江东大街，公交专用车道长度约16.7公里。

合肥市首条快速公交于2007年5月18日正式开通，快速公交1号线从滨湖时代广场发车途经徽州大道公交专用车道，抵达核心区市府广场公交枢纽站，该线在建成竣工后的专用车道和岛式站台内行驶，采用大容量18米BRT车服务沿线乘客，沿线站牌凸显时尚色彩，采用黄底白字。

2010年11月5日，合肥快速公交4号线开通，此线开通标志着长江中路公交专用车道及中央岛式站台建成全面启用，快速公交4号线从市府广场枢纽站发车，向西沿长江中路、长江西路直达客运西站，停靠长江路沿线BRT站台，大大缩短市民东西向出行时间，投放大容量12米双开门车服务沿线乘客。

结合东部广德路的竣工通车，为方便城市东部区域居民乘坐公交出行，2012年1月16日快速公交5号线开通，线路从广德路上合肥市二院新区首末站发车，途经新安江路、长江东大街、长江中路，抵达市府广场公交枢纽站。也是投放大容量12米双开门车服务沿线乘客。

三条快速公交线路以市府广场枢纽站为中心，构成一个T形骨干线路向城市外围东、南、西各区域放射，快速公交保障了公交运营能力和有效性，服务水平与质量有了提高。三条快速公交线路运营主要指标，见表10-1。

三条快速公交线路运营主要指标　　表 10-1

线　路	起　讫　站	线长（公里）	配车数	配置驾驶员数	日班里程数（公里）	日班客运量
快速公交 1 号线	滨湖时代广场—市府广场	17.8	30	55	6450.1	30463
快速公交 4 号线	汽车客运西站—市府广场	16.7	30	56	5178.5	22519
快速公交 5 号线	市二院新区—市府广场	9.5	15	29	2506.3	7463
合计		44	75	140	14134.9	60445

三、系统特性

（一）线路布设

线路走向与城市总体布局及发展方向一致，快速公交1号线、4号线、5号线三条快速公交线路均由中心城区公交枢纽站市府广场发车，分别向市区南、西、东部延伸，并与合肥市南、西、东发展轴线一致。三条线路组合形成T字形骨架，其线路走向与合肥市向心交通流特征完全吻合，对合肥市构建“1331”空间发展格局及未来快速公交的发展奠定了良好的基础。三条线路沿线连接了众多的政府机关、核心商圈、医院、学校、交通枢纽等客流集散点，聚集了大量的人口和就业岗位，较好地贯彻了交通引导发展（TOD）理念。

（二）线路组织模式

根据合肥本市居民的出行特征与客流走向规律，在充分考虑快速公交专用道利用效率的基础上，采用快速公交线路与常规公交线路结合的混合式运营模式，在保障BRT线路正常营运的同时有选择性地引入其他常规线路在公交专用道进行区间性行驶及停靠，使快速公交线路与常规线路之间的换乘更加便捷，尤其长江路中央岛站的设计实现了公交系统网络内部部分线路同台同向及同台反向的免费换乘。

快速公交1号线北起中心城区市府广场公交枢纽，南至巢湖之滨，贯穿整个徽州大道，专用道行驶路段引入4路、11路、14路、60路、116路、235路等常规公交线路，方便乘客同台换乘；快速公交4号线及5号线分别由中心城区市府广场公交枢纽至市区西部汽车客运西站及市区东部市二院新区，贯穿长江西路、长江中路、长江东大街，专用道行驶路段引入1路、3路、116路、136路等常规公交线路，线路之间可实现同台同向、同台反向的免费换乘。延伸至市区不同方向的快速公交线路汇聚于中心城区同一公交枢纽站并引入常规公交线路的线路组织模式，不仅解决了高断面客流出行问题，提高了快速公交专用道的利用率，还提升了快速公交线路的运营效率，扩大了快速公交在整个公交网络中的辐射作用。合肥快速公交专用道，如图10-1所示。

图 10-1 合肥快速公交专用道

（三）专用道设置

根据合肥市道路特征、道路网络布局、交叉口通行能力及线路运营组织模式，当前合肥快速公交专用道设置于道路中间，主要包括两种形式：其中徽州大道公交专用道大部分采用全封闭硬隔离形式；长江路专用道采用振荡黄色标线与其他社会车辆隔离，部分站台处设置专用超车道。首先，专用道设于道路中间减少了沿线出入口交通对快速公交的影响，尤其全封闭专用道保证了公交车辆的绝对路权，使公交车辆运行速度提高，大大缩短了乘客的在途时间，公交效率和准点率提高，从而使系统可靠性得到了很好的保证。其次，设置超车道有效提高了车站的通行能力，便于公交线路的运营调度，提高了快速公交的运营效率。此外，中央专用道为今后系统的扩展和升级都预留了良好条件。

（四）中间站台设置

合肥快速公交站台的设置目前有两种形式，一种是侧式站台，在专用道两侧设置，根据具体情况分为对位式和错位式，车辆采用常规的右开门方式，站台长50~70米、宽3米，至少可同时停泊2辆18米车、3~4辆12米车。一种是中央岛式站台，在专用道中间设置，双向共用站台设施，可节约建设成本，提高站台使用效率，该形式站台车辆采用左、右开门方式。站台长75米、宽3.5米，可同时停泊3辆18米车。快速公交站台多布置于道路交叉口附近，以方便乘客进出站和换乘其他常规公交线路。站台高35厘米，与快速公交车辆踏板平齐，方便乘客水平登车。中央岛式站台设有安全门、电子站牌、IC卡POS机、电子显示屏、视频监控等智能系统，安全门采用新型防夹系统和红外控制系统，通过6个安全门同时上下客，缩短乘客登车时间，提高快速公交的效率。

（五）专用车配备

合肥快速公交车辆的配备根据乘客需求、线路运营模式和设计服务水平决定，遵循“大容量、高性能、人性化、多样化”的原则，快速公交1号线使用18米右开门车辆，快速公交4号线使用18米、12米空调左、右双开门车辆，快速公交5号线使用12米空调左、右双开门车辆。双开门车辆可通用于常规侧式和中央岛式站台，它的使用大大提高了专用道设置及线路间车辆调配的灵活性。快速公交车辆优先使用新能源车，采用符合环保要求的发动机，降低车辆尾气排放，打造低碳公交、环保公交。车内安装GPS车载机、视频监控主机、车载摄像头、移动电视、电子仪表盘等智能设施，滚动的停靠站信息提示、电子导乘图等先进技术为乘客提供详细的乘车信息，并配有自动报站器进行语音提示。此外，车内还设置免费WIFI设备，市民可通过智能手机、平板电脑等设备免费上网，享受更加贴心、舒心的公交出行服务。

（六）智能化系统

合肥快速公交线路智能调度融入整个智能公交系统，以自动调度为主、现场干预为辅，形成一个集调度、监控、抢修、客服、应急为一体的综合指挥调度系统。主要包括数据中心子系统、车内信息子系统、站点信息子系统、运营调度管理子系统、信息发布子系统五个组成部分；通过指挥中心实行对快速公交线路运营服务的全程监控和管理。此外，通过公交专用道占道抓拍系统，对侵占公交专用道的社会车辆进行实时抓拍，保证公交车专用道的畅通。

（七）人行过街设施

合肥快速公交沿线人行过街设施设置遵循方便行人的原则，根据道路条件在站台处采用人行天桥、平面过街、地下通道等多种过街方式。快速公交1号线、4号线、5号线沿线专用道路段共设置16处过街通道，其中人行天桥11处，地下通道3处、人行横道2处，见表10–2。

人行过街设施汇总表　　表10–2

过街形式	快速公交1号线	快速公交4号线	快速公交5号线
专用道路段车站总数	7	4	5
人行天桥	7	2	2
地下通道	0	2	1
人行横道	0	0	2

四、营运效果

目前合肥的快速公交运营线路共3条，即快速公交1号线、快速公交4号线和快速公交5号线，总长约44公里。三条快速公交线路覆盖城市东西及南部区域居民出行，快速公交具有造价低、占地少、建设周期短、运营速度快、运量大、灵活、环保和易形成网络等特点,能有效地缓解交通拥挤,降低居民出行成本,提高运输质量和效率,为解决城市交通问题提供了新契机。

（一）提高营运效率，方便市民快速出行

三条快速公交运营速度在20～22公里/小时，比常规公交线路运营速度高4个百分点，较相同线长的常规公交，单程时间节省8~15分钟。由于大部分路段通过公交专用道运行，岛式站台闸机检票，双开门大容量车型投放，有效改善了交通拥堵、提高了公交出行分担率，节约了乘客出行时间，受到广大市民的赞誉。快速公交充分发挥快速优势，给广大市民提供更为高效、便捷、优质的出行服务，方便城市东西及南部区域居民出行，规范公交服务水平，为市民带来便利与快捷。

（二）减轻出行成本，优化出行结构

快速公交凭借其优质服务，吸引了大量市民出行，三条线路构成T字形网状，运行主干道与35条主干线路实施接驳换乘，尤其快4、快5在长江路中岛式站台内能够与1路、3路、116路、136路进行七个中央岛式站台同台免费换乘，缩短换乘距离，同台换乘降低了出行成本，也节省了换乘时间，最大程度满足了乘客便捷出行需求。同时，立体换乘保障了换乘的安全性，减少与机动车、摩托车的冲突点。

（三）提升民生品质，建立城市各区域纽带

快1线开通较好地解决了合肥市核心区与徽州大道南段滨湖新区的交通供需矛盾。滨湖新区规划总面积180平方公里，是城市“1331”发展战略的重要组成部分，徽州大道BRT的建设，使城市由单中心向多中心转变，优化城市资源配置与发展功能，全面提升了城市的承载力、凝聚力、辐射力，缓解中心城区日益突出的交通矛盾，徽州大道BRT的建设促进了滨湖新区的进一步开发建设。

快4和快5构筑了一条东西走向交通干线大动脉，此纽带拉动了长江路及东大街东西两端地块的发展，交通条件的大幅度提升，带动东西区域的发展，对沿途周边的居住、商业都将带来一轮新的机遇。快速公交通车后，提升了新建道路长江东大街在城市交通中的功能地位，从长江东大街通向城市各个地方的交通更加便利，进一步拉近了长江东大街与城市中心的距离，长期来看必将会提升区域的地段价值。快速公交站牌附近的新房、二手房房价也在攀升，快速公交以其高品质、高效率、低能耗、低污染、低成本的优势受到了越来越多市民的青睐，给城市带来了更多的便利与快捷。

五、创新和展望

（一）首创中央侧式岛式站台模式

快1线是合肥首个中央侧式站台项目，快4线和快5线是合肥首个中央岛式站台项目，

公交专用道采用非固体隔离，完全运用电子监控抓拍系统，对合肥加快快速公交发展具有示范意义。

合肥快速公交规划（2006-2020）如图10-2所示。

合肥市中心城区快速公交规划（2006-2020）

图 10-2　合肥快速公交规划（2006-2020）

（二）首创快速公交与常规公交同台免费换乘

快4线和快5线是合肥首个中央岛式站台项目，能够与4条常规主干线路实施同台免费换乘，运营模式扩大了快速公交覆盖面、提高了专用道的利用率，通过整合常规线路资源，优化调整了沿线常规公交线路条数（长江路上曾有22条常规线路运营，线路重复系数高达6.9）。

（三）采用智能化调度系统

快速公交信息系统采用智能调度系统，整合了营运计划和现场管理的资源，智能调度中心组织监控营运，首末站址安装调度终端，通过信息化数据组织和视频监控，覆盖和控制了调度盲区，运用信息化电子站牌，乘客掌握了车辆运营的实时信息，此举受到社会各界一致好评。合肥公交和软件公司自主创新的ERP信息系统，采用了一系列的高新技术，加快了快速公交发展，一期工程通过了政府组织的专家验收。

总的来说，合肥市的快速公交系统还未形成较宽广的网络覆盖，快速公交专用建设任重而道远。快速公交专用道基础设施不完整，部分路段公交车与社会车辆在一起混行，营运速度没能提起来，专用道信号优先尚有待建立。

现在，为突出城市快速公交在合肥市公共交通的骨干地位，在合肥市委市政府的带领下，市交通局、市规划局、合肥公交集团等多个单位将致力于公交专用道设置，公交优先通行交叉口设置，城市智能公交系统建设等，为快速公交的建设提供技术支持，为合肥公交运营效率整体提速创造条件。在创建公交都市期间，已经计划新建12条快速公交线路，总里程达到200公里，为主城区与周边组团提供方便、快捷的公交服务。

第十一章

厦门快速公交系统发展实践

厦门快速公交系统是目前国内快速公交系统建设中级别最高的公共交通项目，它采用高架形式实现了专用路权和开发了新的道路资源，并使用先进车辆和智能化设施为市民提供了一种快速、准点、安全、舒适的公共交通出行方式，以高品质、高效率、低能耗、低污染、低成本为中小城市探索城市公共交通发展模式提供了有益参考。

一、城市背景

厦门，宋朝时称为嘉禾屿，明朝时称中左所，别称鹭岛，地处福建东南部，九龙江入海处，背靠漳州、泉州平原，面对金门诸岛，与宝岛台湾和澎湖列岛隔海相望，是我国15个副省级城市和五个计划单列市之一，享有省级经济管理权限并拥有地方立法权；既是中国最早实行对外开放政策的四个经济特区之一，又是十个国家综合配套改革试验区之一。厦门属亚热带气候，温和多雨，年平均气温在21℃左右，年平均降雨量在1200毫米左右，夏无酷暑，冬无严寒，是一个现代化国际性海港风景旅游城市，有着“海上花园”和“东方夏威夷”的美誉，拥有“国际花园城市”、“国家卫生城市”、“国家园林城市”、“国家环保模范城市”、“中国优秀旅游城市”和“全国十佳人居城市”、“联合国人居奖”、“全国文明城市”等殊荣誉，现由厦门岛、鼓浪屿、内陆九龙江北岸的沿海部分地区以及同安等地区组成，分为思明区、湖里区、翔安区、同安区、集美区、海沧区六个行政区，其中陆地面积1573.16多平方公里，海域面积300多平方公里。2014年，厦门常住人口381万，岛内外人口密度分布不均，其中岛内思明区的人口密度每平方公里达到了14000多人，超过了以人口密集著称的香港和新加坡，全市公交车共4671台，出租汽车5242台。而岛外区域的人口密度却仅为岛内的八分之一，但也正因为这点，厦门岛外各区域目前已成为未来城市发展的重心。

二、发展缘由和历程

2007年，厦门市在城市实施新一轮跨越式发展蓝图中，确定了由海岛型城市向海湾型城市转变的战略目标，并制定了《优先发展公共交通的实施意见》，明确提出了发展快速公交系统的战略方针，即开辟公交专用道路和建造新式公交车站，在厦门建立一个集现代化公交技术、智能化运营管理、达到轻轨服务水准的一种独特的城市客运系统——BRT。2007年9月，厦门快速公交系统正式开工建设，2008年8月正式通车运行，以不到11个月的时间建成了目前国内快速公交系统建设中级别最高的公共交通项目，创造了三个中国第一和三个厦门第一：中国第一个多种形式组合的BRT，即将高架车道与地面车道、隧道与桥梁、快速公交与普通公交有机结合。第一个实施高架桥的BRT，即以建设高架桥的方式，解决了在繁华闹市区BRT与其他车辆、行人相互干扰的问题，保障了行车通畅、准时。第一个一次成网的BRT，即通过全市公交网络化建设，将普通公交线路优化，把快速公交和普通公交线路汇集成网，并增设连接线。厦门第一个跨区域最广的单个工程，一期工程线路覆盖厦门4个行政区域。1号线承担了码头、火车站、机场各主要客流集散中心乘客运输任务，打通了从繁华的闹市到岛外新市区、新客站的快速通道。第一个参建单位最多的单个工程，成立BRT指挥部统一协调，涉及工程、预制、智能化、车辆制造、绿化、景观等近200家施工单位、10万多人参与，同时交叉作业。第一个在繁华市区采用预制拼装工艺的工程，采用预制拼装等新方法，加快了进度、降低了施工噪声和设施对市民的干扰。全线采用降噪、透水沥青，设置隔音屏，降低运行噪声。

厦门快速公交系统首期开通了3条BRT线路和23条链接线；2011年2月，为开辟鼓浪屿风景区与机场的快速通道，开通了机场专线，全程采用地面专用道和封闭式站台。2015年8月，在不同向的高架桥之间新建了衔接桥梁，新开通了一条连接岛内外线路，同时对连接线不断优化整合，目前共有4条BRT线、1条机场专线和11条连接线，其中BRT线总长130.5公里，单向不重复站点40个，总投资30多亿元。

厦门快速公交系统现有线路情况一览，见表11-1。

厦门快速公交系统现有线路情况一览表 表 11-1

序号	路别	起 讫 点	往返里程（公里）	车辆数	日班次	高峰期间隔（分钟）	平峰期间隔（分钟）
1	快 1	第一码头—厦门北站	69.8	85	976	1~3	4~5
2	快 2	第一码头—同安	90	56	530	2~3	4~6
3	快 3	第一码头—前埔	22.9	33	892/910	1~2	3~4
4	快 5	前埔—同安	77	21	222	6~8	9~12
5	L1	第一码头—成功大道	7.5	7	330	5~7	8~10
6	L5	公园东门—邮轮中心码头	10.9	6	230	6~8	9~12
7	L11	卧龙晓城—莲花五村	6.2	3	196	8~10	11~15
8	L15	金山—国贸阳光	6.6	3	182	8~10	11~15
9	L16	市行政服务中心—枋湖村	4.7	3	202	8~10	11~15
10	L17	BRT 双十中学—安兜	6.5	11	346	5~7	8~10
11	L18	BRT 双十中学—厦门二中	7.1	11	338	5~7	8~10
12	L19	县后—祥云一路 T3 候机楼	9.2	4	210	7~9	10~13
13	L21	嘉庚体育馆—浒井	8.5	7	406	4~6	7~9

续上表

序号	路别	起 讫 点	往返里程	车辆数	日班次	高峰期间隔	平峰期间隔
14	L22	嘉庚体育馆—龙舟池	9.3	8	380	4~6	7~9
15	L27	软件园—国贸新城	6.2	5	296	5~7	8~10
16	机场专线	第一码头—高崎 T4 候机楼	45	4	40	30	30

厦门快速公交线路，如图11-1所示。

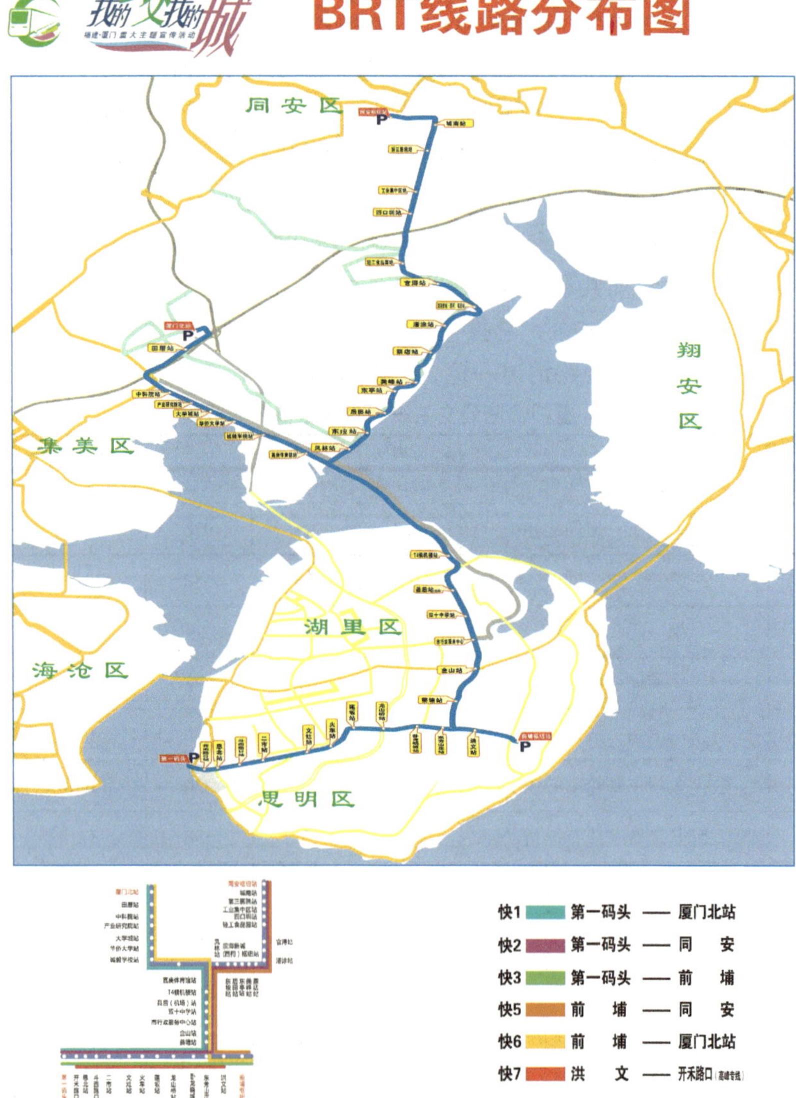

图 11-1 厦门快速公交线路图

三、系统特性

（一）成立专门指挥部

为使该工程获得顺利实施，厦门市委、市政府高度重视，专门成立了由市领导牵头、市发改委、交通局、规划局、交警支队、市政建设开发总公司、路桥建设集团有限公司、百城建设投资有限公司等部门和公司组成的，下辖综合协调组、规划设计组、工程实施组、客运筹备组、监察督办组等机构的快速公交系统建设工程指挥部，全面负责该项目的统筹规划。

（二）岛内全程高架专用道组成、岛外高架和地面专用道组成，地面中间站

厦门快速公交综合了普通公交的运输方式和轨道交通的运营方式，属国内首个采用高架桥模式的公交系统，在设计上，岛内通过在闹市区主干道上建设高架桥和进出岛大桥（集美大桥）中规划出硬隔离专用道，全程不设信号灯，实现了专有路权，走出了一条有别于地面专用公交车道和地铁、轻轨、符合中等城市实际的公交之“道”，被誉为穿梭于城市的空中走廊。而岛外路段，则结合路面交通情况，采用高架与地面软隔离中间站并行和设置抓拍系统的方式实现道路专用。

（三）线网规划与城市规划有机融合，线路走向覆盖城市主要生活区域

根据厦门城市空间布局“一心两环、一主四辅（八片）”组团式结构规划模式，厦门快速公交系统在线路设计思路上与其一脉相承，其线网格局的物理基础基本保持了“放射+环形”的路网主骨架，在布局线路走向时，厦门快速公交系统严格遵守两大原则，一是结合厦门市城市发展规划和用地布局原则，在厦门市主城区形成以地铁、轨道交通和BRT为骨干，以普通公交为基础的城市公交系统网络。二是坚持兼顾、利用现有线路的原则，综合协调新老公交线路以及轨道线路间的关系，在道路条件允许的主要公交走廊尽可能开辟快速公交线路。同时注意调整现有公交线路，做好快速公交线路与常规公交线路、规划地铁、规划轻轨的衔接，方便居民换乘，体现和贯彻以人为本的思想。目前，快速公交已开通的线路横贯了厦门东西向，连接起了轮渡（鼓浪屿）和园博苑风景区、中山路和同安商业区、火车站和厦门北站人口流动密集区、莲坂和前埔大型居住区、会展中心国际商务交流会务区等各大城市发展核心，为进一步促进城市经济繁荣和方便居民出行发挥出了极大作用。

（四）独立的车站管理系统和售票系统，实现站内间免费换乘

厦门快速公交系统车站被设计在现有公交站附近，车站设计采用封闭式，兼顾美感，适应厦门城市特质，并实现了过街天桥与车站合二为一，共分三层，其中第二层为过街天桥和售票处，第三层为候车站台，各车站平均间距为650米左右，各楼层之间由电梯连接。同时站台内配有座位、遮阳遮雨设备和车辆到离站信息屏、多媒体娱乐系统等

现代化设施和服务台。乘客乘车时，可自由选择道路两边电梯上到二层站厅购票（购票种类有“E通卡”和“单程票”两种），通过安检和闸机后到达三楼候车站台上车，到达目的下车后，再下到二楼进行刷E通卡或将单程票投入闸机出站，整个乘坐过程与地铁类似。在站台内，乘客可在不同线路间进行免费换乘。

（五）配套沿 BRT 主要站点呈鱼骨型散开特殊公交专线——连接线

为使快速公交的便利性辐射到沿途更广区域，实现市民出行间无缝接驳，厦门快速公交系统在开通主干线的同时，创造性地开通了多条以BRT主要站点为首末站、呈鱼骨型散开的环状连接线，其主要功能是延伸快速公交高品质出行服务，方便乘客乘坐快速公交，并提供短途出行服务，把离快速公交站点有一定距离的乘客送到站点，或把出快速公交站点的乘客送到附近的目的地。连接线运行时间与BRT同步，其首末站即为快速公交站点，并与附近的社区、学校、工业集中区相接。线路里程一般只有三公里左右，发车频率较高，高峰期时候车仅需3~5分钟，且票价低廉，站点较密，换乘方便，深受市民欢迎。

（六）智能化系统

厦门快速公交智能化系统包含综合运营管理系统、智能监控系统、智能调度系统、WEB（数据库）管理系统四个系统，采用网络、通信、控制、计算机、信息处理及智能交通系统技术达到了三个实现，即实现了BRT具有的“站—车—道—场站”一体化；实现了运用计算机优化编制行车计划和劳动配班计划；实现了计算机辅助实时优化调度。同时采用先进技术手段对车辆进行实时动态定位，建立了集成的、综合利用的信息传输网络，满足了BRT目前的多媒体信息传输、业务调度、实时监控需要，为出行者提供了准确、方便、有吸引力的BRT 和公交信息服务，并且在所有的车上配备了行车记录仪即车用“黑匣子”、车门与站台安全门联动系统、驻车制动报警系统、报站器与车门联动系统等高新技术。为便于管理，厦门快速公交专门建立了调度监控中心，该中心综合了智能化考勤系统、语音对讲系统、GPS轨迹跟踪图、速度变化图、实时视频以及各站台车辆运行状态LED告示牌等目前所能想到的公交科技元素，通过科技手段有效地降低了员工劳动强度，并大大增加了BRT系统的安全系数。

（七）车辆体现环保和以人为本设计理念

厦门快速公交在车辆配备上充分考虑了以人为本和环保的设计理念，现有车辆332台，其中4条BRT线227台（18米车95台、12米车122台）、1条机场专线和11条链接线105台，全车均以最佳匹配保证了整车燃油经济性、动力性、车内外噪声、驾乘舒适性、安全可靠性、维修简便性等的最佳效果，并且具有大开门、低地板、车门高度与站台高度平行且可升降、配备残疾人无障碍通道伸缩板、上车无台阶等特点。12米车采用进口日野大功率、环保型欧III电控发动机(其中2015年新购置的12米车采用最新环保型国V大功率电控发动机)，18米车采用虎伯拉铰接盘、德国MAN大功率、环保型欧III电控发动机。同时，均采用德国进口自动变速器，并装有限速器，一旦车速接近限制最高时速（60公里/小时），限速器立刻发出铃声报警，同时反馈到智能化系统调度中心进行后台记录。另外，为适应高架专用道对安全性的特殊要求，车辆使用达4年后即予以更新。厦门快速公交车辆如图11-2所示。

图 11-2 厦门快速公交车辆

（八）规划私家车停车换乘点

由于厦门快速公交主要行驶于高架专用道，与地面交通相比，出行时间较短，例如从会展中心到轮渡，常规公交或自驾车一般需要40~60分钟，而快速公交快3路则只需20分钟，这对于自驾车一族，不仅节约了时间，更可节约燃油和避免事故，为吸引更多人选择BRT，厦门在建设BRT道路时，确定了几个有潜质的区域修建了供小汽车驾驶员和骑自行车的人使用的停车换乘设施。停车换乘不仅促进了出行模式从小汽车到快速公交系统的一种直接转换，减少了驶入城市中心的小汽车数量以及城市拥堵带来的相关问题，而且大大缩短了出行时间、节省了停车费用，使整个城市、汽车驾驶员、土地开发商、快速公交系统和城市生态系统都得到了收益。

（九）站台与城市景观、商业完美结合

厦门快速公交高架桥在设计上非常注重景观效果，桥体全部采用淡蓝色系，桥身外侧全线种植厦门市花——三角梅等花卉和布置夜景灯，且高架桥下设置绿化隔离带，种满绿色植物，立柱无任何广告，全部由常春藤覆盖，已成为城市的一道风景线。同时，高架桥高度也与其他城市有不同特征，完全根据中国人平均1.7米的身高和视线范围，将桥高定为9.5米，行人能够顺利看到对街物体。

厦门快速公交沿途经过沃尔玛、家乐福、乐购、新华都、天虹等多家大型商超，这些商业连锁巨头在BRT系统建成通车后，看到了其客流带来的无限商机，出资修建二层站

厅人行天桥延伸段，使BRT二层站厅、人行天桥和商场三者连成一体，既满足了市民出行，又便利了他们的购物需求。另外，BRT二层站厅基本设有便利店、早餐工程等便民设施，首末站更有大型商超、麦当劳或肯德基等，在为市民提供全方位服务的同时，又为BRT系统创造了丰厚的主营业务外收入，增加了国有资产的收益并实现了保值增值。

（十）票制

厦门快速公交实行3公里起步价仅为0.3元的低票价运营模式，不区分空调车与非空调车，其中BRT线按里程计费，刷E通卡票价为3公里内起价0.3元，而后每递增1公里按0.1元计价，不足1公里按1公里计价，现金票价以E通卡票价为基数进行取整，即尾数为0.1、0.2元免收尾数款，尾数为0.3、0.4、0.5、0.6、0.7元则收0.5元，尾数为0.8、0.9元则收1元。连接线则实行一票制，其中现金票价为0.5元，刷E通卡为0.3元。

四、运营效果显著，成为城市交通骨干

（一）客运量和运营里程

厦门快速公交开通之日，客运量仅为2.5万人次，与最初的客流目标基本吻合，但因其具有高效、准点、安全、便捷、舒适等特定优势，开通之后客流急剧攀升，目前日均客流基本维持在40万人次左右（含连接线），以占全市不到8%的公交车辆承担了近15%的公交客运量，车辆满载率高达130%且班次密集（高峰期1分钟一班，3条线路汇集段，每20秒一班）。2014年10月1日，3条BRT线202台车更是创造了客流新高，达到了38.5万人次，每车载客近2000人次，满载率超过了150%，这种高效的运力发挥在全国公交行业也是绝无仅有的，对于发展什么样的公共交通以破解交通拥堵问题具有里程碑式的重要意义，如图11-3、图11-4所示。

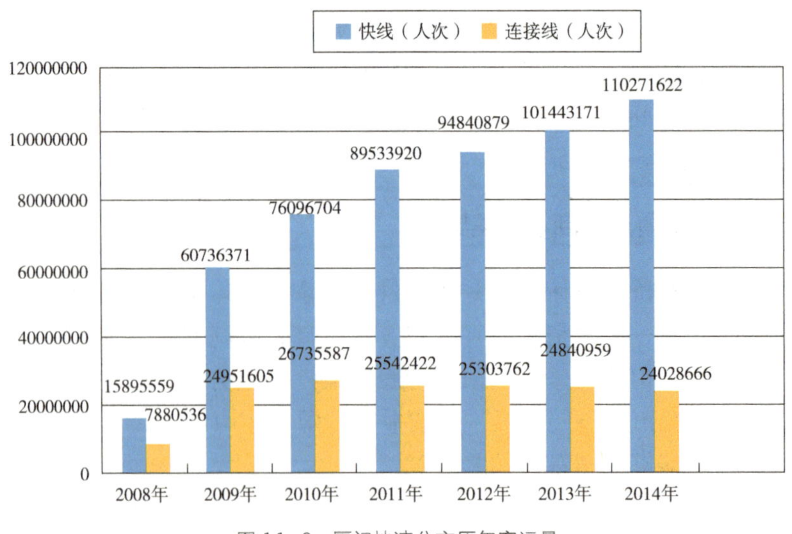

图 11-3　厦门快速公交历年客运量

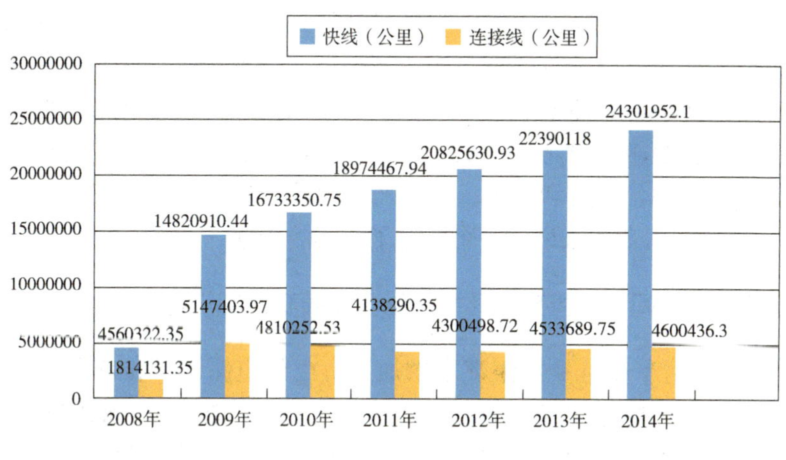

图 11-4 厦门快速公交历年里程

（二）专用道优势明显，准点率和乘客满意度超过 95%，平均运速处于行业领先水平

与常规公交相比，快速公交全程行驶于专用道上，不受信号灯控制，最高限速60公里/小时，其平均运行速度达到了38公里/小时，相当于常规公交的3倍，与全国其他城市公交15~20公里/小时的平均运速相比，仍然高居前列，而且由于其售票过程是在站台上完成，减少了上车售票环节，大大缩短了车辆停靠时间，为准点行车提供了强大支持，发车准点率高达99.5%，同时，为提高运营服务水平，达到持续改进的运营目标，厦门快速公交通过每月定期组织开展乘客满意率调查，及时了解乘客需求，听取乘客呼声，为适时调整经营重点、改进服务方式、增加服务内容、改善服务设施等提供参考，使乘客满意率始终保持在95%以上，真正实现了“让政府放心让市民满意”的经营方针和“温馨车厢流动家园”的服务理念。厦门快速公交客户满意度历年调查情况，见表11-2。

厦门快速公交客户满意度历年调查情况表 表 11-2

序号	年份	调查结果（满意率）	调 查 主 要 内 容
1	2010	96%	车辆硬件设施情况、车容车貌及卫生情况、车辆线路标识明晰、行车安全及舒适度、首末班准点发车、规范使用服务用语、停靠站点规范有序、对特殊乘客的服务情况
2	2011	96.5%	
3	2012	97%	
4	2013	97%	文明服务、行车安全、车辆整洁、候车时间长度、车内设施
5	2014	98.5%	
6	2015	97.3%	出行信息服务、行车安全、候车时间长度、车辆整洁、乘车舒适度、换乘便捷度、文明服务

（三）安全系数高

为始终保持良好的安全生产局面，全面落实安全生产工作主体责任制，厦门快速公交不仅设置了专门的安全管理机构、配备了专职安全管理人员，而且设立了安全专项资金，在人力、物力和财力上给予了大力支持，同时BRT线现有驾驶员均从厦门公交集团内部精挑细选，全部达到了连续三年零事故、零投诉的基本条件，并通过了恐高症、烦躁症等多项心理测试和严格的体检项目，从源头上对从业人员进行严格把控。同时，快速公交配置先进车辆和智能化设施且不受其他社会车辆影响、实行车外售检票等，大大改善了驾驶员的工作条件、强度和压力，使行车安全系数获得了极大提升。安全运营里程超过1亿公里，这对客运企业来说是一个非常了不起的数据。

（四）节约出行时间，改善交通环境，绿色交通获得初步构建

（1）因厦门机动车保有量每年都在增加，有限的道路资源被不断挤占，从而产生了普通公交车速低、出行速度慢、准点率低、舒适性差、乘客候车时间长，进而放弃选择公交出行后又增加了道路拥挤度的恶性循环，而厦门快速公交利用空中建成高架专用道，不仅没有挤占地面道路，反而是挖掘出了新的道路资源，并使部分私家车减少了车辆使用率，使得公交车辆和社会车流的运行速度都得到了明显提高，从而在一定程度上解决了城市道路拥堵矛盾。

（2）相关资料显示，全球1/4以上的城市大气污染源于汽车尾气，其噪声污染也日趋严重，甚至已占到了城市噪声的85%，作为倡导绿色出行的先行模范，快速公交的环保理念在车辆和运能上得到了完美体现，在保证车辆发挥最大运力、达到人均出行最低排放量的同时，以准点、舒适的运行吸引了更多人选择公交出行，促使城市公交客运量获得大幅度提升。

（五）以较低的投资获得较高的回报

建设地铁或轻轨是大部分城市选择缓解交通难题的主思路，但地铁每公里造价在5亿至6亿元之间，轻轨每公里造价在1.5亿至2亿元之间，且建设周期较长、施工难度大，同时中间存在许多不可控因素，还会对地铁或轻轨的线路走向、投资成本产生严重影响，而即使是全程采用高架专用道的厦门BRT，每公里造价约3000万元，且建设周期短（仅11个月），又能满足出行需求，两者或三者相较而言，中小城市发展BRT的效益不言而喻。

（六）节约土地资源，改善投资环境，带动沿线经济发展

厦门快速公交高架桥设置于城市主干道上，除站台建设需要，基本做到了不征地不拆迁，使土地资源得到了更加充分的利用，同时它的便利性又给沿线带来了无限商机，促进了周边土地的增值，包括整个空中走廊沿线的商铺和娱乐业以及相关附属服务产业都从中直接受益。目前，沿BRT线已形成了多个商圈。据统计，多个紧邻的大卖场与其他同类卖场相比，销售数据一直高居前列，尤其是房地产，相比其他地段更是高出了至少10个百分点。

五、小结

厦门快速公交系统在建设和运营方面无疑是成功，是可以被很多城市借鉴的，其创

造的经济价值、社会和环保效益凸显出了优先发展城市公共交通的重要意义。作为一项民生工程，公交首先应立足于民，把满足人们的出行需求摆在第一位，这是一个城市管理者考虑以什么样的理念发展公交和发展什么样的公交的最基础思想，快速公交不一定适应于每个城市，但不可否认，对于中小城市而言，从其便利性、经济性、可行性等诸多方面综合考量，具有其他交通工具不可比拟的优势，在解决城市拥堵、提高城市出行品质和交通服务水平等方面作用明显。对于以轨道、地铁等为主的大城市而言，也是一种重要的补充。通过理性比较，相信快速公交今后必将成为城市公共交通的一种主要选择。

第十二章

济南快速公交系统发展实践

一、城市背景

济南是山东省的省会，全省政治、经济、文化、科技、教育和金融中心，也是国家批准的副省级城市和沿海开放城市，是国务院公布的历史文化名城，尤以泉水遍布、清冽甘美而闻名于世，有“济南泉水甲天下”和“泉城”之美誉。全市总面积8177平方公里，市区面积3257平方公里，全市总人口607万人，市区人口434万人。

二、发展变迁

截至2016年8月，济南市公交线路240条，公交运营车辆6399标台，线路总长度4107.3公里，公交专用道178.75公里，年客运量8 亿人次。2012年10月30日，济南市被交通运输部授予国家“公交都市”建设示范工程首批创建城市。

由于受地理条件约束，城市发展“止于南山（泰山），却于北水（黄河）”，东西带状布局发展态势明显，随着经济社会和城镇化进程的加快，城市居民出行距离和出行量不断增加，机动化迅速发展，交通拥堵和群众出行不便问题日益凸显。为破解这一难题，济南市委、市政府按照构建和谐社会的要求，认真贯彻国家关于“优先发展公共交通”的政策精神，确立“以人为本，公交优先”的发展战略，进一步明确了公共交通在城市交通中的主体地位，全力推进公共交通的优先发展。

出于保护泉水泉脉、彰显城市特色的考虑，在经过充分论证的基础上，统筹兼顾特色保护、客运能力、建设成本和运行速度，《济南市城市总体规划》最终确定了“近期实施快速公交系统，远期采用快速公交与轨道交通相结合”的公共交通发展模式。快速公交是公共交通引导城市发展模式（TOD）的基础支撑，是实施公交优先政策、落实公交优先战略的有效载体，是推进城市可持续发展，适应城市化进入快速发展阶段的公共交通发展的主导方式。

2004年12月成立了快速公交项目领导小组及项目办公室，由时任副市长任组长，办公室下辖项目协调组、规划设计组、运营政策组、交通管理组，各局委、规划、设计、运营相关部门为成员单位。

2005年8月，济南市召开《济南市北园大街快速路及快速公交系统建设工程》规划设计方案专家咨询论证会，会议充分肯定了济南市北园大街快速公交规划设计方案，初步明确了快速公交的网络规划、快速公交和快速路的系统规划及运营政策等。10月，济南市政府与美国能源基金会在济南签订快速公交系统推广项目示范城市合作协议，济南成为能源基金会在中国的第一个快速公交推广项目示范合作城市。

2006年10月，美国三大基金会聘请快速公交发源地巴西的数名专家专程来济南指导工作,以项目代培训的方式，为济南市培养快速公交项目规划设计人才，帮助济南组建快速公交规划、运营团队，同年北园大街快速公交系统工程开始转入建设实施阶段。

在科学论证的基础上，结合济南市《城市总体规划》，制定了全运会前建设“二横三纵”快速公交网络的发展规划，远期形成“五横七纵”的快速公交网络发展规划。2008年4月22日，北园大街快速公交1号线开通运营，2009年10月13日快速公交6号线开通运营。以2009年10月第十一届全运会为契机，济南市于全运会前开通运营了6条快速公交线路，2014年4月开通快速公交7号线。济南快速公交线路，如表12-1、图12-1所示。

济南市共有快速公交线路7条（不含摆渡线路），线路总长度96.7公里，营运车辆170余辆，日均运量近20万人次。

公交快速线路情况

表 12-1

线路名称	首站	末站	线路长度（公里）
BRT-1	黄岗	全福立交桥	13
BRT-2	北关北路	燕山立交桥	11
BRT-3	全福立交桥	信义庄	11.2
BRT-4	高墙王	燕山立交桥	14.3
BRT-5	奥体中心	火车站	18
BRT-6	奥体中心	全福立交桥	13.9
BRT-7	大魏西	济南大学	14.8

三、系统特点

与国内其他城市相比较，济南快速公交系统形成了“泉城济南模式”，主要有以下五个显著特点：

（一）快速形成网络化

2008年4月22日北园大街快速公交1号线开通运营，2009年10月13日快速公交6号线开通运营，济南市仅用了一年半的时间就开通运营6条快速公交线路，初步形成了沿北园大街—工业北路、经十路、历山路、二环东路、奥体中路快速公交客流走廊的“二横三纵”网络化格局。济南快速公交系统在较短时间内即形成网络化，成为国内建设和运营快速公交系统的极少数城市之一。

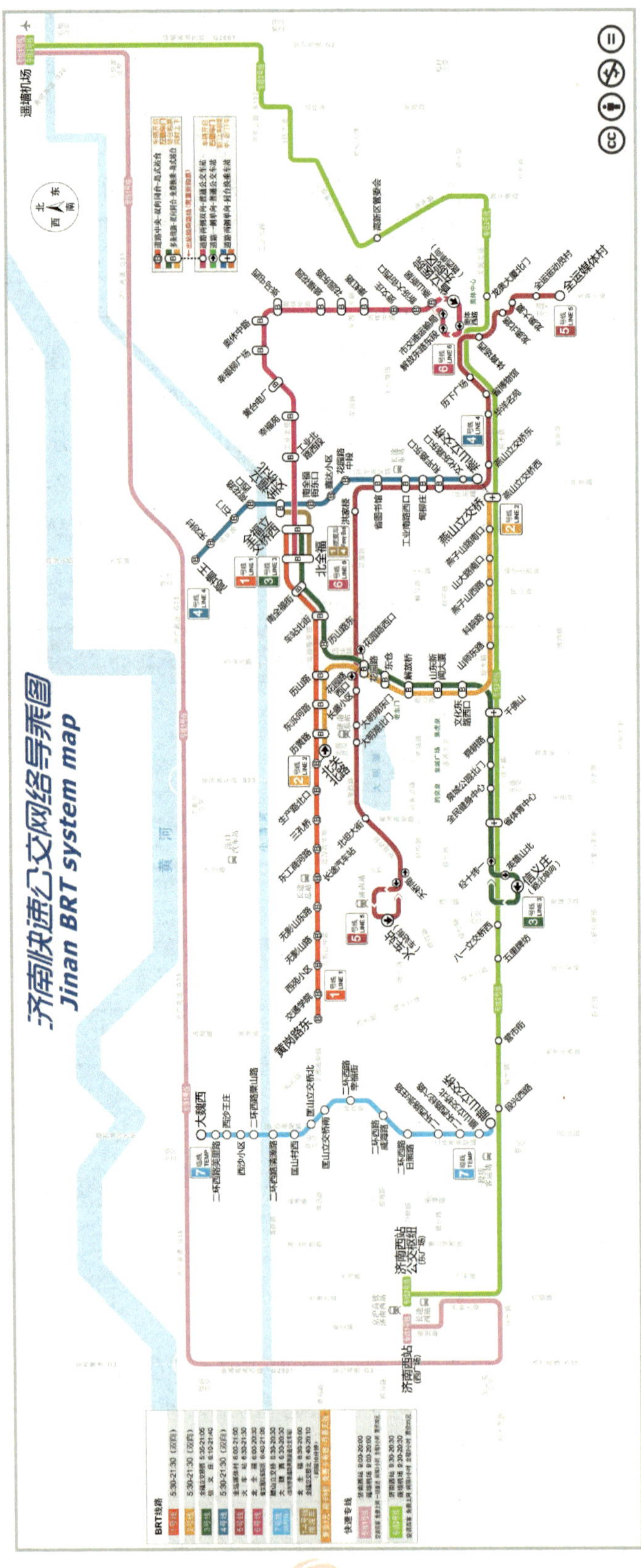

图 12-1 济南快速公交线路图

（二）采取开放式的运营模式

济南快速公交系统集快速公交专用道和普通公交专用道两种形式路权于一体，形成了“封闭式+开放式”的灵活性较强的运营模式，将公交专用道作为开放式运营模式中快速公交线路布设的载体，充分盘活了现有的公交专用道资源。这既降低了建设和运营成本，又可根据客流的需要，灵活拓展服务覆盖范围，进一步提高线路可达性和服务水平。济南快速公交系统，如图12-2所示。

图 12-2　济南快速公交系统

（三）使用左右双侧开门车辆

为保障开放式运营模式在济南的成功实践，适应快速公交专用道岛式站台左侧停靠和普通公交专用道站台右侧停靠的需要，济南市采用了低入口双侧开门车辆，这在国内尚属首例。这为拓展和延伸快速公交网络、保证水平登乘提供了强有力的技术支持。

（四）建设“双快”体系

结合北园大街和二环东路高架工程，将快速公交与快速路集合在一个走廊上建设“双快”体系，快速路采用高架形式，快速公交设置在地面。“双快”是复合通道，既能保证社会车辆在高架桥上的快速通行，也能保证大运量快速公交的快速通行，可带动沿线及周边地区商业、地产业等相关产业的发展。

（五）同站台双向免费换乘

济南快速公交采用中央岛式站台并执行同站台双向免费换乘的低票价优惠政策。乘客在中央岛式站台内可实现零距离双向免费换乘，一次付费即可达到快速公交网络内的任一站台。据统计，日均免费换乘3万人次，老百姓在享受便捷服务的同时节省了大量的出行成本。

四、运营效果

济南快速公交系统的建设和运营，取得了显著的效果。实施效果主要有以下六点。

（一）运输量大增

济南快速公交从开通首日1号线仅2万人次的客运量，到目前1号线单线日客运量达7万人次，“二横三纵”网络6条快速公交线路全线日均22万人次的客运量，充分发挥了快速公交运量大、高效率的骨干运输作用。

（二）低碳效果明显

目前，济南快速公交共配置营运车辆170部，排放标准达到欧III以上，快速公交车辆数仅占公交车辆总数的3 %，却承担了公交总运量近10%的客流。济南快速公交除了在济南市公交运输中担当重任外，还为济南市的节能减排作出了巨大贡献。

（三）公交服务水平大幅提升

济南快速公交自投运以来，市民对公交系统的满意程度由2008年的89.05%提高到95.03%。济南快速公交成为城市一道靓丽的流动风景线，于2009年被市民评选为济南市“新十大城市景观”之一，济南市公共交通快速公交建设工程于2010年1月获得“山东人居环境范例奖”。

（四）圆满完成大型赛事公共交通保障任务

2009年10月，在没有建设轨道交通的城市背景下，以快速公交为骨干的地面公交系统45分钟内成功疏散3.8万名观众。高标准、高质量、高水平的公交全运服务，受到国家体育总局、全运会济南赛区组委会领导、运动员和观众的一致好评。

（五）优化了城市公共交通运营结构

济南快速公交的建设和运营，调整和优化了城市公共交通运营结构，以快速公交为骨干、普通公交为基础、小区支线为补充、郊区线路为衔接的多种类型的线网构架正在逐步形成，对于打造全市干、普、支多层次的公共交通线网体系和满足广大市民多样化的出行需求具有重要的意义和作用。

（六）改善了城市市民的出行方式

高品质快速公交的建设与运营有助于转移机动化交通方式以及非机动化交通方式。由第三方组织的快速公交沿线居民出行问卷调查结果显示，因快速公交开通，吸引选择快速公交出行的乘客占总运量的25.5%（其中有10.2%的非机动车、9.9%的步行、5.4%的私家车转移至选择快速公交出行），反映出快速公交带动整个沿线居民的出行和交通方式发生了深刻变革。

五、创新与亮点

（一）国内首个快速公交成网运营的城市

2008年北园大街快速公交1号线开通运营，同年快速公交2号线开通运营，初步形成了济南市快速公交网络，成为国内首个快速公交成网运营的城市。

（二）国内首个使用左右双侧开门车辆的快速公交系统

在车辆使用方面，为保障开放式运营模式在济南的成功实践，适应快速公交专用道岛式站台左侧停靠和普通公交专用道站台右侧停靠的需要，济南市采用了低入口双侧开门车辆，这在国内尚属首例。

（三）国内首个“双快”模式快速公交系统

结合高架路工程，将快速公交与快速路集合在一个走廊上建设“双快”体系，即快速路采用高架形式，快速公交设置在地面。“双快”模式的建设，注重将快速公交的建设与城市道路增量建设相结合。充分利用北园大街及二环东路等城市高架快速路道路建设工程中道路资源的增量部分建设快速公交专用道，减少了社会矛盾。

六、小结

济南市快速公交系统建成运营至今,在规划、建设和运营的具体做法和实施策略上取得了成功的经验，现总结如下：

（一）在规划设计方面，高度重视前期科学规划研究

在全国较早将公共交通引导城市发展（TOD）的思想融入城市规划、建设和管理中，于2006年11月组织开展了大规模的公交客流调查，为快速公交线网规划及运营管理提供了强有力的数据支持。邀请了国内外知名专家作为顾问，同时有颇具实力的中国城市规划设计研究院、同济大学、林李公司、鼎汉沪通公司、香港城市规划设计咨询公司以及济南市规划院、市政设计院共7家规划设计机构选派精干力量投入前期研究策划及规划设计，建立了多学科、多专业的规划设计队伍。在科学论证的基础上，结合《济南市城市总体规划》，济南市制定了“二横三纵”快速公交网络的近期建设规划，同时制定了“三横五纵”、“五横七纵”快速公交网络的中远期建设规划。

（二）在系统建设方面，注重将快速公交的建设与城市道路增量建设相结合

充分利用北园大街及二环东路等城市道路建设工程中道路资源的增量部分建设快速公交专用道，减少了社会矛盾。同时，将快速公交的建设与城市用地布局相衔接、与城

市建设与发展相协调，形成因地制宜、独具地方特色的发展模式。在快速公交系统的建设中，充分结合道路网络建设和现有的公交专用道资源搭建快速公交骨架，将增量资源和存量资源有效整合，快速形成灵活性较强的开放式快速公交网络，进而提高了快速公交系统的运营效率。

（三）在运营管理方面，推行标准化管理，提供近似轨道交通的服务

济南快速公交在采用高标准、高质量基础设施为乘客提供舒适乘车环境的同时，用获得国家级企业管理创新奖的“星级管理、星级服务”管理制度打造快速公交优质服务品牌，2009年又将“微笑服务”纳入了星级管理制度。在优秀的驾驶员中选拔快速公交驾驶员，面向社会公开招聘优秀大学生作为站务服务人员，并组织进行了军训、服务礼仪和服务技巧等专业培训，打造了一支高素质的员工队伍。向社会公开承诺，提供“定点发车、准时到站”服务，为广大乘客掌握快速公交线路的运行规律、进而科学合理地安排出行时间提供了强有力的服务保障手段。引入航空地勤式服务理念，采取快速公交运营车辆“一圈一检”的检修工作流程，做到了自快速公交车辆投运以来无中途抛锚现象发生。运用现代化公交智能技术，建设了“人、车、站、道”一体化的智能化监控、调度、管理和信息服务系统，形成了柔性灵活的调度管理方式，并根据济南实践编写了地方标准《快速公交系统智能管理技术规范》，目前已经颁布。

第十三章

枣庄快速公交系统发展实践

一、城市背景

枣庄因煤而生、因矿而兴，是一座典型的资源型城市，2009年，被国务院列为第二批资源枯竭型城市，也是国务院确定的我国东部地区唯一的资源枯竭城市转型试点市。

城市转型，交通先行。近年来，枣庄市相继实施了京沪高速铁路、枣临高速公路、枣临铁路、京杭运河枣庄港等一批交通重点工程，并于2012年底前全部建成使用。加之辖区原有的京沪铁路、京台高速公路、104国道、206国道等交通干线，枣庄的公路、铁路、水路综合交通网络进一步转型升级，特别是公路通车里程达到7533.7公里，密度达每百平方公里164.7公里，公路通达性得到极大提升，给城市转型提供了有力的交通支撑。

由于资源型城市的特殊性，枣庄形成了典型的组团式城市格局，各城区相距较远，人口规模都不大，无法发挥同城效应，要想实现资源共享、一体发展，必须走同城化之路。同时，作为欠发达的资源枯竭型城市，地铁和轻轨由于造价高昂都不适合枣庄，造价低、见效快、灵活性强的BRT比较符合枣庄实际，要实现同城化，在公众出行上发展BRT是最佳选择。同时，公交优先就是百姓优先，发展BRT可以解决机动车数量激增带来的交通拥堵问题，让占大多数的无车群众，以更低廉的价格享受到更多的城市交通资源，共享改革发展成果。为此，枣庄市于2006年作出了发展BRT的决策部署，是当时全国最早提出规划建设BRT的城市之一。

二、发展变迁

规划优先，确保线网布局合理。委托同济大学编制了《枣庄市城市公共交通规划》。为确保规划科学合理、操作性强，由交通部门牵头，规划、住建、国土、环保、财政、公安交警等相关部门提前介入，充分吸纳合理意见。规划不仅涵盖BRT，还包含城际公交、城区公交和城乡公交一体化，BRT、城际公交连接各城区，普通公交服务各城区内部，城乡公交通达乡镇，实现全域覆盖、服务城乡。

路权优先，确保BRT运行畅通。随着私家车激增，城市道路拥堵日益加剧，给公交车辆的畅通运行带来极大困难。开通BRT，设置专用车道，重新分配城市路权，最多只占用道路交通资源的三分之一，给80%的无车群众使用，体现了社会公平。为此，BRT线路全部设置专用车道，实行标线隔离、路权专用。同时，为确保专用路权不受侵扰，沿线设置高密度视频监控设备和电子警察抓拍系统，并由公安交警部门加强现场巡逻检查，及时查处违规车辆，确保BRT畅通运行。

信号优先，保障BRT通行速度。枣庄BRT主要用于组团城区的快速连接，平均里程达30公里，沿途交叉口较多，难以保障快速通行。为此，采取红灯早断、绿灯延时的方法，减少了BRT车辆等候红灯和通过路口的时间，最大限度地保证了快速和准点。信号优先不是绝对优先，而是相对优先，其基本原则是“照顾快速公交，兼顾其他车辆”，以确保其他车辆、行人通行安全和整个路网的交通流顺畅。

政策优先，确保顺利建设运营。一方面，将建设资金、运营亏损纳入财政预算优先予以保障，另一方面，在城市规划、用地保障、设施建设、交通管理等方面支持BRT发展，全市的城市规划建设和道路改造，一律要服从公交规划的要求，与公交站场、站点同步设计、建设和使用。

2010年8月2日，枣庄首条BRT线路B1线（市中至薛城）开通运营；2011年8月1日，市中至台儿庄B2线开通运营；2012年10月1日，山亭至新城B3线、峄城至市中B4线同期开通运营；为方便不同乘客的出行需求在BRT线网内又分别开通了大站快车T1线、直达快车T2线及高铁站至台儿庄古城的旅游专线B10线；在中心城区开通了15路、25路、35路三条至联通换乘中心的BRT免费换乘线路。2014年1月1日，由枣庄西站至陶庄换乘站B5线的开通成为全国第一条开通至乡镇的BRT线路。枣庄BRT线网已连接市中、薛城、峄城、台儿庄、山亭五区，日发送乘客6万人次，通车总里程达到148.5公里，位居全国第一，加上规划待建的B6线（滕州至新城），BRT通车总里程将突破200公里，日均客流量将达15万人次，实现市域全覆盖，如图13-1所示。

三、系统特性

（一）快——让私家车跟着跑

“快”是对枣庄BRT最形象的一个诠释：道路专用、信号优先、站台售票是保障枣庄BRT快速的重要原因。随着私家车数量的激增，城市道路拥堵加剧。为确保BRT运行畅通，枣庄首先为BRT设置了专用车道，重新分配城市路权，给占大多数的无车群众提供交通方便，体现交通资源使用的公平性。

目前，枣庄已开通5条BRT主线路，全部设置了专用车道，实行标线隔离，路权专用。为确保专用路权不受侵扰，在首条BRT开通前一个月，枣庄市政府组织交通、公安交警、城管、社区街道等多个单位值守BRT沿线的各个路口，对专用道的使用进行积极宣传和引导，纠正市民的不文明行为。同时，还在沿线设置了高密度的视频监控设备和电子警察抓拍系统，及时查处违规车辆。

枣庄的BRT专用道有路中和路侧两种，路侧式为了不影响社会车辆右转，枣庄采取对右转车辆实行提前100米右转到辅路的方式。这样既不影响车辆右转，也能将专用道延伸到路口，真正实现公交优先。

枣庄市快速公交（BRT）及换乘线路网络示意图

枣庄市BRT快速公交系统简介

枣庄是全国最早提出建设BRT的城市之一。

2010年8月2日，市中至薛城B1线开通运营。

2011年8月1日，市中至台儿庄B2线开通运营。

2012年10月1日，山亭至新城B3线和峄城至市中B4线正式投入运营，9月29日，15路、25路、35路三条新能源免费换乘线路投入运营。

2013年5月1日，京沪高铁枣庄站至台儿庄古城B10线开通运营。

2014年1月1日，枣庄西站至陶庄换乘站B5线开通运营。

目前，枣庄市BRT已连接市中、薛城、峄城、台儿庄、山亭五区，通车总里程达到148.5公里，位居全国第一。

枣庄公交已初步形成以BRT为骨干、常规公交为主体，覆盖全域、资源共享、合理衔接、换乘方便、四通八达的公共交通网络体系。BRT线路日均发送乘客6万人次，目前，枣庄正在规划建设BRT B6线（滕州至新城）。届时，枣庄BRT通车总里程将突破200公里，日均客流量将达15万人次，实现市域全覆盖。

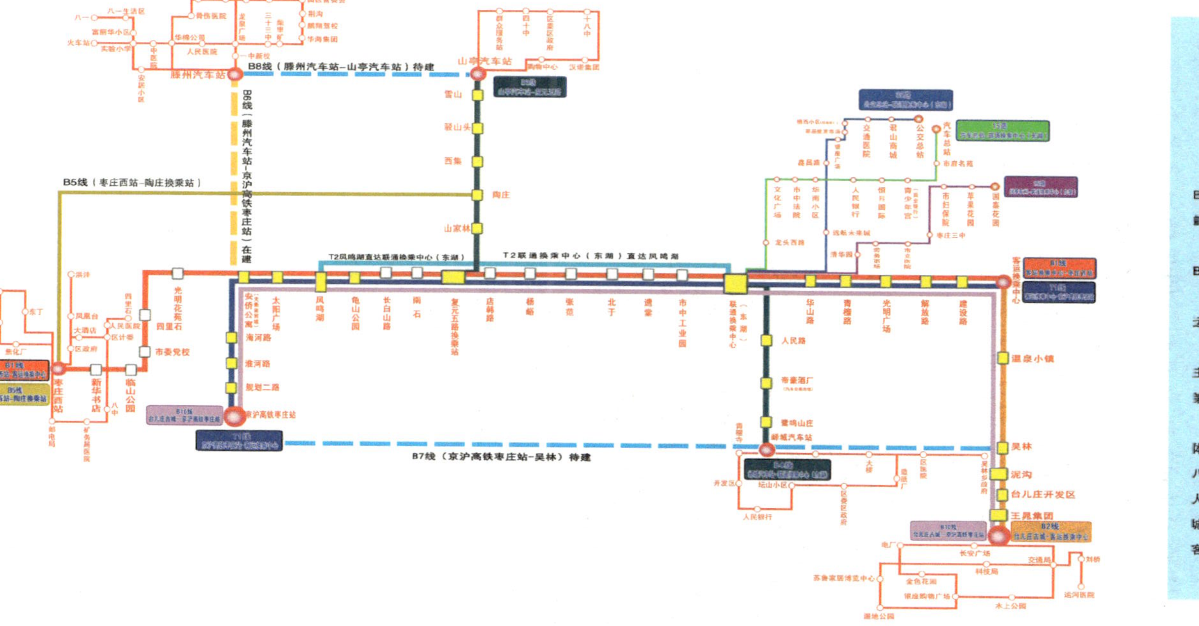

图 13-1　枣庄快速公交线路图

枣庄BRT主要用于组团城区间的快速连接，平均里程达30公里，沿途交叉口较多。据统计，交叉口信号延误损失时间占公交运行总时间的2%~15%。枣庄对BRT实行信号优先，是BRT快起来的重要原因。枣庄信号优先采取“红灯早断、绿灯延时”的方法，减少了BRT车辆等候红灯和通过路口的时间，最大限度保障BRT快速和准时。BRT车辆上都安装有信号优先发射器，当BRT车辆行驶到距路口200米左右时，车载信号优先发射器就会给路口的交通信号灯发射信号，按照正常的交通信号循环时间，如果当时是红灯，信号灯会缩短红灯时间，及早转换为绿灯；如果当时是绿灯，信号灯就会延长绿灯时间，保障BRT的顺利通行。

信号优先确实给BRT通行带来便利，但是信号优先并不是绝对优先，而是相对优先，其基本原则是“照顾快速公交，兼顾其他车辆”。具体来说，如果一个路口连续有多辆BRT车通过，那么为了兼顾交叉方向的车辆通行，信号灯在一个相位周期只能在预设的时间内允许BRT车辆连续优先通行，超出时间到达路口的车辆则不优先。以此类推来确保其他行人、车辆的安全及整个路网的顺畅。枣庄快速公交专用道，如图13-2所示。

图 13-2　枣庄快速公交专用道

在枣庄，BRT大多采用封闭站台，乘客需要购票或刷卡后方能进入站台候车，加之BRT车辆的低地板可以帮助乘客快速上车，将车辆停靠的时间减少20%以上。在一定程度上，也能从总体上降低BRT的全线运行时间。

同时，为了使乘客更好地掌控自己的出行时间，满足市民群众差异化的出行需求，枣庄参照高铁的运行模式，在客流量最大的B1线开行了普通线（站站停）B1、直达线T2、区间线T1，赶时间的乘客可选择乘坐T1、T2，满足了乘客多样化的出行需求，节省了乘客出行的时间成本。

（二）准——看得见，摸得着的公交车

枣庄BRT智能化不仅实现了电子站牌报站准，首末站发车、收车准，还可做到细分客

流时段，车辆调度准。在站台候车的乘客看到电子站牌就能够一目了然，让乘客清楚知道车辆什么时候到达，对时间安排心里有底，而且电子站牌基本没有时间误差。

枣庄BRT的准时率达到95%以上，之所以能如此之准，还是源于公交运行的智能化系统。枣庄BRT车辆全部装有GPS，能够精准定位车辆位置，在车辆据车站站台还有1500米的时候，车上的卫星信号会把数据实时传回公交智能调度中心，然后由电脑根据现有车速进行时间测算，最后把车辆到站信息反馈到站台。

枣庄BRT的准，不仅体现在各站点的电子站牌预报准时，准点发车、准点到站也是其准的一方面。智能调度系统会自动给驾驶员及车次排班，驾驶员按照排班表进行发车。在车辆准时发车后，智能调度系统将实时跟踪车辆的运行情况，包括车辆的位置、车速是否过快、通信信号是否良好等方面。如果中途出现车辆扎堆或间距过大等问题，公交智能调度中心会及时进行动态调整，让快车慢些、慢车快些，客流量大时及时增派车辆等以保证车辆的间距，这些都是准时到站的基础。

BRT准时运行还可以对今后的工作提供科学的数据支持。根据每天BRT的实时调度情况，系统会自动生成数据分析表，显示哪些时段客流量大需加密车次；哪些时段客流量少，可拉大发车时间。根据智能系统提供的数据细分客流时段，分为高峰期、平峰期、低谷期三个阶段，然后根据每个时段的特点科学合理地调度车辆。既能满足乘客需求，也节约了公交车辆和道路资源。

（三）捷——线网内轻松换乘

枣庄BRT可以实现BRT同台多向的换乘。站台之间通过地下通道相连接，可以在一分钟内实现零距离换乘。目前枣庄5条BRT主线路，3条免费换乘线路共同构成了枣庄公交骨干网，每两条线路交叉的地方都可以零换乘。5条BRT主线路把枣庄五个区紧密连接在一起，3条换乘线路“三纵三横”的走向更是覆盖了老城区80%的区域，方便居民便捷换乘。

BRT与常规公交的接驳换乘同样可以让老百姓感受到便捷，走出BRT站台，不出200米就可以找到常规公交的站点，有些BRT站台旁边还有公共自行车的服务站，给老百姓换乘常规公交、公共自行车都提供了便利。

适度超前也是枣庄模式的一个亮点。北京、上海等大城市的公交线网、专用道不好调整或施划的原因之一就是交通资源过于紧张，稍微更改就会牵涉到很多人的利益。而枣庄把线网规划工作做到了前面，在客流量、交通量不太大的时候先期规划，真正实现了公共交通引领城市发展。

（四）廉——2 元通达五城区

乘坐枣庄BRT在长达127.5公里的线网内均可以实现免费换乘，大大提升了BRT的吸引力。许多以前开私家车的车主也选择BRT出行。例如：从新城到老城区要30公里，来回就60公里，开车上下班每天的油费就要40多元，坐BRT才2元，哪种方式合适，老百姓一看就知道。

一般城市老年人公交乘车的免票年龄为70岁以上，而枣庄则为65岁以上老人免费乘车，60~64岁老人半价乘车。这一政策将把枣庄30万名老人纳进免费乘车的范围。

枣庄属中小城市，由于财力有限，发展公共交通必须选择适合自己的模式，不能盲目跟风。建地铁每公里需要5亿元，轻轨要2亿元，而枣庄建BRT每公里直接投资只有230万元，综合分析枣庄的财政实力及 BRT的优势，枣庄选择发展BRT，并实现了“公交的成本，地铁的速度，市民的生活方式”，“枣庄模式”就此产生。

在确定了发展模式之后，BRT建设运营离不开市政府的强大支持。枣庄把BRT列为市政府一把手工程，市政府成立了BRT领导小组，专门负责BRT规划、道路改造、站台建设、车辆购置等协调事务。同时，枣庄市政府还给公交公司无偿划拨了120多亩土地用于公交场站建设。枣庄市已建成5处BRT首末站，2处公交枢纽正在建设。

有补助，也有监管。车辆购置由市财政承担，企业不提取车辆折旧费用。每年，市财政都对公交企业进行成本核算，亏损的部分，除燃油补贴外由政府承担，保障了公交企业的收支平衡，解除了公交企业的后顾之忧。

四、运营效果

城区各大主干道上，一辆辆BRT穿梭运行，BRT已经悄悄融入了枣庄市民的生活，不仅让市民体会到了交通发展带来的同城化便利，也为公交服务带来了更多提升空间。例如：以前从枣庄新城到山亭区坐客运班车要12元，现在BRT只需要2元钱就能到达。乘坐BRT出行、购物、休闲成了许多市民的选择，枣庄各城区之间的联系也越来越密切了。

枣庄由于资源型城市的特殊性，形成了典型的组团式城市格局，各城区相距较远，人口规模都不大，无法发挥同城效应。BRT开通后，许多市民A地上班，B地居住，带动了城区之间的发展，改变了城市的格局和市民的生活方式。城里人到乡村买农副产品，乡镇人进城卖特色农产品。乡镇孩子到城市上学，改变教育资源不均等的现状。还可以进城就医。BRT拉近了各城区之间的距离，实现了各城区的资源共享、一体化发展。

BRT带动同城化的同时，也带动了公交服务水平的提升。BRT车辆全是专门定制的，车辆有空调，冬暖夏凉，而且车内还有闭路电视。枣庄公交总公司对BRT驾驶员和站务员采取准军事化管理，统一着装、规范化管理、标准化服务。BRT的驾驶员都是从公交公司的优秀员工里选拔出来的，要求技术过硬、三年内无安全事故、仪表大方整洁等，并采取百分制考核择优录取。对站务员实行“准航空服务”，对导乘语言、服务标准等都进行了规范。

与此同时，积极推广节能环保车型，LNG客车占到BRT车辆的50%。BRT免费换乘线路的42辆新能源公交车，采用油电混合技术，避免了普通公交车起步阶段冒黑烟的现象。与传统公交车相比，新能源车每年可节约燃油8吨，减少二氧化碳排放量20多吨，42辆新能源车每年可节约燃油336吨，减少二氧化碳排放量近千吨。

现在，B1、B2、B3线日均客流量与原线路班车相比，均出现大幅增长，以B1线为例，开通前该线路日均客流量为8000人次，开通后为50000人次，增长了6倍多，高峰期更是达70000人次，充分展示了BRT巨大的吸引力。

五、创新与亮点

道路专用，信号相对优先，保证了“快”，普通公交时速10~15公里，枣庄BRT达到60~70公里，达到了地铁时速。运营管理科学高效，确保了“准”，BRT准点率达到95%以上，跟地铁不相上下。BRT线路均实行2元一票制，便宜低廉的票价，加之长达70公里的免费换乘里程，满足了大多数市民的出行需求，提升了群众满意度，体现了“廉”。线路衔接合理、换乘方便、四通八达，突出了“捷”。低碳环保、安全舒适、服务优质，提升了市民的幸福感，实现了“好”。得益于BRT的影响，群众对公交的满意度由原来的75%提高到91.5%。

六、小结

近年来，枣庄BRT的快速、健康发展得到了各级领导的关怀和重视，全国人大常委会副委员长、民革中央主席万鄂湘，山东省委书记、省人大常委会主任姜异康，省委副书记、省长郭树清，省委常委、政法委书记才利民，交通运输部党组成员、道路运输司司长刘小明，枣庄市委书记、市人大常委会主任李同道，市委副书记、市长李峰等中央、省、市领导先后莅临总公司对BRT的建设、运营、服务情况进行了调研指导，并乘坐体验，均给予了高度评价。

枣庄BRT不仅惠及民生，让80%以上的老百姓享受到了更多的城市交通资源，也成为实现同城化发展的重要手段，带动了全市服务业繁荣，推进了新型城镇化建设，实现了“公交的成本、地铁的效果、市民的生活方式”，开启了“幸福新枣庄”建设的新纪元。

第十四章

郑州快速公交系统发展实践

一、城市背景

郑州地处中原腹地，九州之中，北临黄河，西依嵩山，在国家经济发展格局中处于承东启西、连南贯北的战略地位。郑州因交通而立市、兴市、强市，经过近一个世纪的发展，已成为我国重要的集铁路港、公路港、航空港、信息港为一体的综合型交通通信枢纽。郑州现辖6区5市1县和2个国家级开发区、1个国家级出口加工区。建成区面积412.7平方公里，城市道路里程1630公里，总人口937.8万人。2014年全市实现生产总值6783亿元，人均生产总值73056元。2014年末，全市民用车辆拥有量291.9万余辆，其中汽车保有量218.6万辆。

多年来，郑州市始终坚持"域外枢纽、域内畅通"的交通建设发展目标，投入大资金、花大力气狠抓交通基础设施建设。在积极推进"域外枢纽"建设的同时，把优先发展城市公共交通作为推进"域内畅通"的重要抓手，通过快速公交系统建设、公交场站专项建设、绿色环保车辆投入、智能化建设以及规划、用地、资金、组织等一系列政策保障措施，全面推进了公共交通事业的快速发展。

二、发展变迁

2007年，郑州市启动快速公交系统专项规划工作，确定了郑州市中心城区快速公交系统由12条BRT走廊组成，全长208.9公里。2008年9月28日，市政府第115次常务会议，通过了郑州市快速公交首期工程项目。2009年2月10日，快速公交系统建设首期工程正式开始施工。2009年5月28日，快速首期线网通车运营，线路全长31.8公里，是国内城市中第一条在市中心环线上设置的快速公交线路，配有封闭式的中央侧式站台、公交专用车道、运营智能化系统、专用交通信号设施等，主线和支线网络120公里。

2012年，郑州市以创建国家"公交都市"示范城市为契机，在认真总结以往做法和借鉴国内外经验的基础上，研究编制了《畅通郑州白皮书（2012～2014）》，按照"域外枢纽、域内畅通"的发展目标，从强化公交优先、建设畅通郑州十大工程、落实综合交通管理十项措施、推进中心城区功能外疏、倡导文明出行五方面着手，实施综合性治理。其中，在强化公交优先方面制定了十项举措，并将构建快速公交网络作为首要任务。

2014年1月26日，快速公交西沿线路开通运营，方便了高新区市民换乘快速公交系统，覆盖高新内的郑州大学、信息工程大学、河南工业大学、轻工业学院、格力工业园、恒天重工等学校企事业单位。

2014年6月26日,三环快速公交系统“一主十六支”开通运营，线路总长度178.1公里，日均客运量20万人次。三环快速公交开通运营后与二环上的B1快速公交主线形成了“双环快速公交公共交通运营模式”，以及三环“上下形成社会车辆与公共交通双快立体交通模式”的快速交通运营模式，开创了在二环、三环道路上建设“双环”快速公交、在环线高架桥建设上下“双快”立体交通模式的城市。

三、系统特性

（一）线路布设

快速公交线网在中心城区形成“一横双环”骨架，系统沿线经过郑东新区、经开区、高新区、运河新城、北三环外围等周边组团，沿线有学校、大型商场、社区、企事业等百十家单位，居民出行需求呈上升趋势。同时，随着系统沿线土地开发不断成熟，与中心区域间相互关系也将越来越紧密，系统沿线具有很大规模的客流需求。郑州快速公交系统的建设对于连接市区各个片区、促进各片区发展具有重大现实意义。

（二）组织模式

郑州快速公交设有5条主线66条支线，总配车1728台。B1、B2、B3主线采用“多点”发车方式，30分钟内在市内二环线和三环线上即可形成大密度车辆运力，更便于在高峰时段高效输送最大客流，满足市民出行，低峰时段快速降低发车密度，节约运营成本。支线灵活结合主线发车间隔采用区位输送模式，灵活投放运营高峰区间车、定点车、直达车等，实现运力梯次配备，达到主支线相互配合，最大限度保证高峰站点不滞客，平峰时段、特殊时段、恶劣天气有保障，确保系统正常运营，方便市民出行，如图14–1所示。

图 14–1　郑州快速公交 B3 路开通运营

（三）专用道设置

郑州快速公交专用道根据城市道路特点及道路通行情况等因素设置于道路中央或道路两侧，采用概念隔离式。为确保快速公交的安全、方便、快捷，在快速公交专用道沿线的主要路口设置闯红灯自动抓拍系统，在重要路段设置违法驶入自动抓拍系统。实现对所覆盖路线的自动化管理，保证专用道不被社会车辆占用。

（四）站台设置

郑州市快速公交站台共263个，多设置于道路交叉口附近，其中38座位为中央岛式站台。快速公交二环B1线路及西延线路站台采用60米标准站台，建筑面积240平方米，长60米，宽3米，外引廊20米，建筑高度3.6米。三环快速公交站台设置于三环桥下，尺寸大小根据桥下空间而定，站台大小不一，外观形式采取外挂石材。站台上设有售检票及站务管理用房，进出站闸机、闸门、LED显示屏、GIS电子地图、闭路电视、红外线周界防范等设施。

（五）车辆配备

郑州快速公交主线使用18米铰接车259台，支线使用12米、13.7米公交车1469台，其中新能源车辆1383台，占快速公交车辆总数的80%。车内安装有GPS卫星定位系统，设有滚动LED显示屏、电子导乘牌等，能够实时显示车辆的到站信息。同时配有电脑自动报站器为乘客提供到站语音提醒。

（六）智能化系统

充分利用GPS定位显示屏、LED显示对车辆进行适时监控，乘客在站台候车时可随时了解车辆所在位置，使乘客合理安排候车，免除了等车顾虑，最大限度地为乘客提供方便。同时，快速公交车内、站台和调度室安装3G硬盘监控系统，3G视频监控系统和GPS智能调度系统无缝连接，在线获取车内、站台各类图像资料，适时为运营调度提供第一手的现场资料。

四、运营效果

（一）提高公交运营效能

自2009年郑州市第一条快速公交开通至今，快速公交系统的日均客运量由最初的10万人次增长到现在的80余万人次。特别是郑州市的二环快速公交系统经过几年的运营，主线日均客流量已由刚开通时的4万余人次增长到22万余人次，增长了5倍。快速公交系统以约25%的线路数量承担了郑州市近35%的城市客运量。通过对郑州市二环快速公交部分路段晚高峰半小时进行的实地调查，在晚高峰半小时内通过道路断面的乘客总量为10996人，其中快速公交运送乘客量为5856人，占总量的53%。即郑州市的快速公交用占用约27%的道路空间，运送了53%的乘客，运营效能十分显著。

（二）提升市民出行品质

快速公交因有专用路权的保障，运营速度和准点率得到了很大的提高。郑州市快速公交主线平均运营速度与市区常规公交平均运营速度相比较，平峰期提高了25%，高峰期提高了59%。快速公交主线平均发车间隔为3~5分钟，高峰发车密度达到1~2分钟，远远高于常规公交。快速公交主线采用18米低地板车辆，支线采用12米低底板车辆，乘客乘车舒适度大幅提高。公交票价1元在全国都属最低票价，特别是快速公交同站台免费换乘大大降低了市民的交通出行费用，快捷方便、经济舒适的乘车环境提升了市民的出行品质。

（三）带动公交事业全面发展

快速公交能提供方便快捷、舒适经济、安全高效的出行服务，受到了广大市民的高度评价，乘坐快速公交出行成为市民首选。快速公交的开通运营还带动了郑州市公共交通事业的全面快速发展。截至2015年底，郑州市城区地面公交线路数量达到306条，公共汽电车6221台，日均运营里程80万公里，日均客运量280多万人次。郑州市公共交通总公司先后荣获“中国服务业企业500强”、“中国城市公交科技创新优秀企业”、“全国城市公共交通文明企业”、“河南省改革开放30年卓越贡献国有企业”、“河南省文明单位”、“改革开放三十年郑州市功勋企业”、“全国公共交通十佳先进企业”、“全国五一劳动奖状”等荣誉。郑州快速公交品质服务见图14-2。

图 14-2　郑州快速公交品质服务

（四）服务社会经济发展

近年来，郑州市累计投资20余亿元推进快速公交项目建设。按照国务院发展研究中心和国家统计局中国经济景气监测中心2014年编制的《郑州市公共交通对郑州市社会经济发展贡献的评价研究报告》（以下简称《贡献报告》）显示，郑州新增公交每投资1亿元，可产生3.72亿元的GDP，提供5800个工作岗位，增加税收7136万元。“十二五”前三年，郑州公交累计投资达34.5亿元，产生128.4亿元的GDP，提供20万个工作岗位，郑州公交行业实现的增加值为28.39亿元，公交行业带动整个产业链实现的增加值达114.98亿元。同时，快速公交环线带动了建设路商圈、花园路商圈、金水路曼哈顿商圈、万达商圈等新兴商圈，跨区购物人群不断增多，改变了市民的消费观念，也发挥了拉动沿线土地开发等各种商机的作用。

（五）改善城市人居环境

快速公交目前采用新型的绿色环保车辆，在出勤率和普通公交车辆相同的情况下，节油（气）率超过35%，而且排放低，0~30公里/小时纯电驱动，停机时间可达60%以上，PM2.5降低90%以上。按照《贡献报告》的研究结论，郑州新增公交每投资1亿元形成的运营能力，可减少机动出行油耗5317吨，价值4869万元，可减少二氧化碳排放2.92万吨，可减少污染物排放170吨，可减少机动交通占地44000平方米，价值8584万元。同时，郑州市快速公交项目符合CDM（清洁发展机制）在城市交通领域的识别要求，经国家发改委审查通过，并经联合国审定机构审定，成功申报了CDM项目，目前已完成500万元人民币的碳交易量，后续的碳交易工作也正在有序开展和进行。

（六）助推“公交都市”创建工作

快速公交的成功实施，强化了社会各界对优先发展城市公共交通理念的认识和理解，更坚定了继续深入推进“公交都市”示范城市各项创建工作的决心和信心，也推动了郑州市创建国家“公交都市”示范城市的各项建设工作。在交通需求管理方面，推进了智能交通“一个中心、两个平台、十大系统”建设，在信号配时精细化控制、车辆诱导系统、交通监控和流量检测系统等方面有了明显进展，使郑州市的现代化城市智能交通管理系统日趋完善，信号配时精细化控制、车辆诱导系统、交通监控和流量检测系统也取得了明显进展。

在交通供给方面，市政府于2013年成立了公交线网优化及场站建设指挥部，以快速公交和轨道交通建设为依托，初步形成了“快、干、支、微”的四级公交网络，建成了6个和地铁1号线衔接的公交换乘枢纽站。同时，每年购置更新500~600台环保公交车辆，陆续建设了电子站牌、视频监控、郑州行手机APP等智能化公共交通设施，实施了公交定制服务等。

五、创新与亮点

郑州快速公交二环B1路主线、三环B3路主线均是在市中心环线上设置的快速公交线路，实现了“双环双快、多线接驳、同台同向免费换乘”的运营模式。

（一）市中心环线设计

2009年5月28日，郑州市首条快速公交线路B1路开通试运营，这条在商都中心二环上的BRT线路，单程线路最长，主线和支线网络规模最大，建设周期最短，该条BRT线路的建成在我国快速公交系统发展的历史上具有里程碑式的意义。

（二）“双环双快”模式

三环快速公交是郑州市第二条运行于城市核心区环线上的快速公交线，它的出现使郑州快速公交系统实现了“双环双快、多线接驳、同台同向免费换乘”的运营模式。

（三）创新发车及调度模式

郑州快速公交坚持以服务百姓出行为宗旨，充分发挥了公交运营效能，主线B1路、B3路采用“多点多向”的环线发车模式，用最短的时间、有限的车辆输送大量的客流，创新了发车模式，填补了单一发车模式空白。在调度模式上，则采用了GPS调度与现场调度“合二为一”的方式，既弥补了现场调度无法观测车辆运营情况及客流的弊端，也弥补了GPS调度与发车现场脱节的情况，方便运营生产的组织，最大限度地缓解了突发客流的影响。

六、小结

近年来，郑州市已累计投入近20亿元，加快推进快速公交系统项目建设。郑州市快速公交运营至今，已经实现了从“单环”到“双环”、从“1主8支”到“6主66支”的跨越式发展，线路总长度达到1101.2公里，配车1700余辆，其中18米车型259辆，日均运营里程约26万公里，运送乘客80余万人次。郑州市快速公交网络规模在国内外均处于领先水平。通过大力发展快速公交，进一步提高了城市公交整体运营效能和公交的吸引力，提升了城市品质、改善了城市环境，为城市交通可持续发展引领了方向，其以方便、快捷、舒适、经济、安全的服务，受到了广大市民的高度评价，在经济社会发展中的作用日益明显，有力助推了“公交都市”示范城市的各项创建工作。

第十五章

宜昌快速公交系统发展实践

一、城市背景

宜昌市，全国文明城市，全国水电之都，湖北省辖市，为省副域中心城市。宜昌位于长江北岸、三峡东口，“上控巴蜀，下扼荆襄”。自古以来号称“川鄂咽喉，西南门户”，交通、军事地位十分重要。宜昌古名夷陵，是一座有着2000多年历史的旅游名城。全市共辖五县（远安县、兴山县、秭归县、长阳土家族自治县、五峰土家族自治县）、三个县级市（宜都市、当阳市、枝江市）、六区（夷陵区、西陵区、伍家岗区、高新区、点军区、猇亭区），总面积2.1万平方公里。到2015年末，全市户籍总人口398.18万人，常住人口411.50万人。2015年全市实现地区生产总值3384.8亿元，完成公共财政预算收入339.1亿元。2015年末民用汽车拥有量40.96万辆，其中私人汽车拥有量36.67万辆。

二、发展变迁

2010年6月，宜昌市申报了利用亚洲银行贷款的城市交通综合改善项目，东山大道BRT为项目建设内容之一。2011年7月，国家发改委以发改外资〔2011〕1651号文批复了利用亚行贷款的宜昌市城市交通综合改善项目列入2011—2013年外国政府贷款项目备选规划。

2011年5月，亚行考察团一行三人来宜昌对项目进行了预评估考察，考察为期五天。考察期间，项目办与考察团充分交换了意见，初步确定了项目建设内容和项目实施时间表，达成了备忘录。

2011年10月，宜昌市城市建设投资开发有限（市城投公司）公司正式委托广州市市政工程设计研究院进行BRT的可行性研究工作。2011年12月19~25日，在市城投公司、宜昌公交集团、深圳市规划院、三峡大学四家单位的共同努力下，完成了东山大道交通流量的现场调查工作，深圳市规划院于2012年1月完成客流预测的研究工作，为BRT可行性研究提供了科学、准确的数据。

2012年元月31日，宜昌市市长李乐成专门听取了市住建委、发改委、规划局、城管局、财政局、城投公司相关人员对BRT项目的汇报，确定在宜昌建设BRT快速公交项目。

2012年3月16日，由宜昌市政府副秘书长刘丰雷牵头，市住建委副主任卢峰具体负责，以市城投公司、住建委、交警支队、宜昌公交集团为成员的宜昌 BRT 项目专项办公室正式成立。

2012 年 4 月 26 日，宜昌市政府下发《关于成立宜昌市东山大道改造暨 BRT 工程建设工作领导小组的通知》（宜府办文〔2012〕18 号），成立了由宜昌市政府副市长袁卫东任组长，市政府副秘书长刘丰雷任副组长，市住建委、市发改委、市规划局、市城管局、市国土局、市财政局、市交通局、市交警支队、夷陵区政府、葛洲坝城管局、市城投公司、宜昌公交集团 12 个单位组成的领导小组，下设项目部，由市政府副秘书长刘丰雷任项目部主任，住建委副主任陆峰任项目副主任。宜昌快速公交线路，如图 15-1 所示。

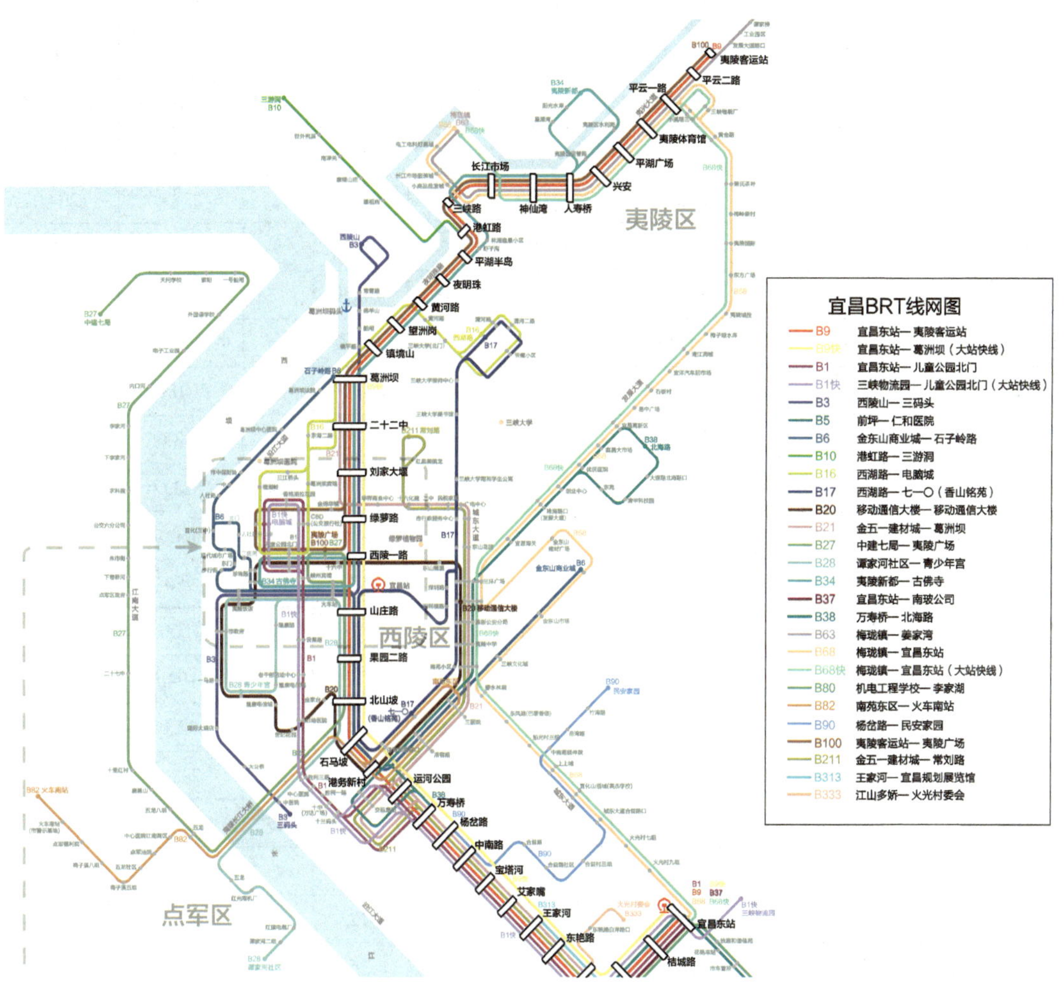

图 15-1　宜昌快速公交线路网图

东山大道 BRT 工程从 2013 年 2 月 25 日启动，至 2014 年 6 月除夜明珠段外，全线施工正式开始建设。经过一年多的艰辛努力，2015 年 7 月 15 日东山大道段（全长约 12.3 公里、共计 21 处 42 个子站台）投入试运行，夷陵区段（全长 6.3 公里，共计 10 处站台）于 2015 年 12 月 26 日试运行。夷陵客运站内站台于 2016 年 1 月投入试运行。夜明珠段于 2015 年 9 月 25 日正式开工，连同火车东站 B1 站台，计划于 2017 年 7 月基本完成建设任务。目前已形成“1+26”的 BRT 快速公交线网，服务范围覆盖宜昌市伍家、西陵、高新区、夷陵、猇亭、点军六大区域。宜昌市快速公交线路情况，见表 15-1。

宜昌市快速公交线路情况 表 15-1

序号	线路	起 点	讫 点	线长（公里）	配车	车次	配驾	日里程（公里）	日运量（人次）
1	B1	宜昌东站	电脑城	25.36	31	263	66	6669.68	38260.4
2	B1K	三峡物流园	儿童公园北门	30.46	4	20	4	609.2	2529.54
3	B3	浇二	三码头	19.12	14	115	28	2350	9000
4	B5	前坪	仁和医院	8.8	2	11	1	96.8	317.64
5	B6	金东山商业城	石子岭路	23.38	18	142.68	38	3336.19	17291.09
6	B9	宜昌东站	葛洲坝	27.6	36	296	66	8169.6	51091.09
7	B9K	宜昌东站	葛洲坝	27.6	2	10.5	2	289.8	1204.07
8	B10	港虹路	三游洞	9.3	2	20	3	188	215
9	B16	渭河路	电脑城	21.19	9	76.03	15	1272.14	4814.2
10	B17	渭河路	石马坡	16.63	8	96.16	15	1599.57	6096.46
11	B20	移动通讯大楼	世纪花园	13.34	9	137.99	20	1840.99	7590.46
12	B21	金五一建材城	葛洲坝	33.59	21	138	41	4453.65	27490.84
13	B211	金五一建材城	常刘路	30.37	13	61	14	1523.66	6953.19
14	B27	紫阳七局	夷陵广场	33.21	15	148	26	3600	8000
15	B28	谭家河社区	青少年宫	19.2	6	52	15	950	2800
16	B34	夷陵新都	古佛寺	38.78	28	175	56	7000	22460
17	B37	宜昌东站	猇亭南玻	44.4	18	117	34	5194.8	11290.01
18	B38	北海路	万寿桥	17.8	6	41.13	9	732.17	905.2
19	B63	梅珑镇	姜家湾	20.18	16	120	24	2424	13024
20	B68	梅珑镇	宜昌东站	51.93	27	121	49	6283.53	27329
21	B68K	梅珑镇	宜昌东站	50.33	4	18	6	905.94	2685
22	B80	机电工程学校	李家湖路	26.96	2	22	2	593.12	700
23	B82	警示基地	南苑东区	22.3	5	36	13	900	1800
24	B90	民安家园	杨岔路	14.7	3	42	6	750	2200
25	B100	夷陵客运站	夷陵广场	30.11	35	232	70	7238.4	28838
26	B313	王家河	规划展览馆	13.8	2	28	1.5	217.9	364.34
27	B333	火光村委会	江山多娇	7.6	3	32	2.5	240.2	379.33
共计				678.04	341	2571.49	627	69429.34	295628.86

宜昌快速公交系统投资 15.76 亿元，其中亚洲银行贷款资金约 1 亿美元，其他地方政府自筹。专用车辆购置 1.37 亿元、单个子站台建设造价 250 万 ~300 万元、配建项目 BRT 调度指挥中心项目总投资 12958.75 万元，夷陵区 BRT 首末站改造工程造价约 3600 元。BRT 配套项目 BRT 智能调度中心及停保场规划总用地面积 108235 平方米，总建筑面积约 45316 平方米，规划分两期建设，其中一期项目用地面积 36022 平方米（约 54 亩），总建筑面积 8908 平方米，主要建设内容包括 1 栋 6 层的 BRT 调度中心大楼、1 栋 1 层的洗车及附属设施楼、1 栋 1 层的 BRT 车辆维修维护车间等，车场设置 BRT 公交停车位 100 个。其中 3 层为调度指挥中心大厅。截至 2016 年 6 月，宜昌快速公交有主线、支线、快线、环线共 27 条，日均配车 320 辆，其中 18 米型双开门车 30 辆，12 米型双开门车 170 辆，10 米、12 米型空调车 141 辆，配备驾驶员 627 人，日发送车次 2571.49 个，日均运营里程 6.94 万公里，日均运送乘客 29.56 万人次。

三、系统特性

宜昌 BRT 采用国际标准立项建设，采用国际最高标准与最佳方案，设计建设理念强调以人为本、公交优先、绿色环保、智慧引领。是全国中心城区单条线路最长、功能最完善、建设最复杂的 BRT 项目，也是宜昌市有史以来第一条城市道路交通综合性改造工程。

（一）线路布设

宜昌BRT1号线北起夷陵客运站，南至宜昌市火车东站，走廊总长度为23.9公里，全线设置38组站台，61个分站台，5座行人天桥，3座地下通道，平均站距约620米。宜昌BRT承担着全市59%的客运主走廊，是联系宜昌三大组团的重要区域性走廊（夷陵区、西陵区、伍家区），是宜昌核心区内部南北走向的四大主动脉之一，同时也是宜昌现阶段客流量最为集中的干线客运走廊之一，沿线分布有为数众多的商贸、办公、住宅等用地性质的开发区块，为城市的重要交通和吸引点。宜昌BRT1号线充分考虑到城市南部和北部发展以及对外交通联系，快速公交线路的起终点与火车东站、长途客运站对接，实现了“铁路—公路—市内公交”零距离换乘。

（二）线路组织模式

根据宜昌市主城区带状组团的情况，结合城市道路条件、线网重复率较高及自身客流规模与市民出行特点等诸多考量，宜昌 BRT 走廊采取的是“专用走廊 + 灵活线路”的运营模式，即通过发展高标准的公交专用道系统，将现有常规公交整合后纳入专用道行驶，实现常规公交运输的大运量、快速化，既保留了现有常规公交灵活性、可达性强的优点，还可让乘客享有快速高效的运输服务，同时改善交通秩序，减少目前公交车与社会车混行干扰的状况，最大限度发挥 BRT 专用走廊的运营效率，该模式的效果将随专用道系统的扩展而日益凸显。宜昌 BRT 快速公交初期线路设计及运行线路为 1 主线 +19 支线，整合、调整、合并、取消了原道路运行的 50 条公交线路。通过一年的试运行，宜昌公交集团依托 BRT 通道的作用，根据城区线网布局的实际，从扩大服务范围、优化运力结构、合理优化线网的角度，陆续新开通了 6 条大站快车和支线，现通道内的线路增加到“1 主线 +26 支线”。

（三）专用道设置

受宜昌主城区道路条件、快速公交线路的运营组织、道路交通组织、行人交通组织、道路改造及市政工程等方面的影响，宜昌快速公交采用路中公交专用道，沿途采用概念隔离和部分站台出入口、交叉口硬隔离的方式与其他社会车道隔离，站台也布设于路中，车辆根据站台形式、线路性质配置双开门车辆和右开门车辆。宜昌快速公交站台，如图 15-2 所示。

图 15-2　宜昌快速公交站台

（四）中间站台设置

全线设置路中车站 38 处（其中宜昌东站至葛洲坝转盘路段 22 处、夜明珠路段 5 处、夷陵区路段包含夷陵客运站内站台共 10+1 处），平均站距 620 米。

夷陵客运站（枢纽站为路边侧式）、夷兴大道、峡州路、三峡路、港虹路、夜明珠路段为路中岛式站台（共计 16 处站台，对向车辆两侧停靠，站内可双向免费换乘）。火车东站、桔城路、东山大道段均为成对设置的路中岛式错位式站台（共计 22 处站台，同向车辆两侧停靠，站内同向免费换乘）。

一期 42 个路中岛式错位式 BRT 站台同向免费换乘率平均为 32%，二期 10 个路中岛式 BRT 站台的双向免费换乘率为 37%~48%。

单个子站台基本尺寸为 55 米 ×5 米（长 × 宽）。1 处对向站台的两个子站台间间距约为 200 米。站台内左右两侧共设 4 个停车位，可同时停靠 4 台 18 米公交车。站台高 30 厘米，与快速公交车辆内踏板基本平齐。乘客进站为三进两出，进口设置一处残疾人通道。站内在常规配置安全门、近场通信、数字语音广播、视频监控、闭路电视、周界防范、LED 信息显示牌及售检票系统站台的前提下，考虑到后期使用延展，配置的闸机在不影响 IC 卡刷卡的前提下可自由进行进、出切换。同时支持站务人员使用 IC 卡对闸机进行下班、上班操作，另外在部分特殊站台设置了旋转闸机与安全门伸缩板。

站台内区域划分为进站区、附属用房、通道区、候车区。其中附属用房为站务室、卫生间、机房。进站投币乘客由站务员监督下在站务室投币口完成，卫生间对内使用，机房内设置有控制站内安全门、闸机、售检票、照明供电的机柜及配电柜。站台乘客区域设备主要有安全门、闸机、预报显示屏、摄像机。站台机房设备主要有交换机、UPS 后备电源、IP 语音广播及对讲、功放、站台辅助通信及定位装置。

（五）专用车配备

宜昌 BRT 车辆的配备遵循“大容量、高配置、低排放、智能化、低地板、诠释金色三峡、银色大坝的靓丽外观特征”的原则。主线使用 12 米 +18 米长短结合的 BRT 车辆。双边开门车辆 12 米 170 台、18 米 30 台，改装单边开门 BRT 车辆 157 台。车辆使用具有高稳定性能的清洁能源 CNG 车辆，采用了先进的气瓶下沉技术及全承载式车身结构，采用了整车高品质全金属油漆，整车高度控制在 3.2 米，采用符合高环保要求的国Ⅴ发动机、驾驶员大包围结构、人性化设计的铝合金扶手及浅灰色调全景风道内饰结构、全金属车身结构、分体式车灯结构、分体式前后围和侧围检修门结构、配置具有高稳定性能的 ZF 减振、ZF 方向机、WABCO 制动系统、防夹及左右车门开启互锁结构。18 米车辆采用了自动变速器、气囊悬架结构、新款防翻车系统功能的电控铰接盘。BRT 车辆装有 GPS 定位终端、站节牌、滚动提示牌、多媒体电视、全覆盖视频监控。在保证自动语音播报到离站信息的同时，通过站节牌及滚动提示牌给市民提供文字提示。此外，车内还专门设计了残疾人轮椅上下车伸缩坡道和爱心座椅及妇幼座椅。双边车门主要参数：前门（左右）骨架洞口宽度≥ 1250mm，中门（左右）骨架洞口宽度≥ 1350mm；门距：右前门与右中门中心距为 5520mm $< a <$ 5920mm，右边车头至前门中心距 850 ～ 900 mm。左边两车门中心距为 2250 ～ 2500 mm。

（六）智能化系统

宜昌 BRT 公交智能化实施前，就充分考虑到常规公交与快速公交的协同调度、IC 卡数据的协同与清分、BRT 指挥调度大楼信息化与 BRT 信息化的有效整合三个方面。在完成 BRT 全部信息化内容的前提下，根据实际情况对上述三个方面进行了有效结合实施。同时，前期考虑到中心机房的日常管理、使用成本等因素，中心机房均采用集成度较高的刀箱进行虚拟化服务，极大地提高了可维护性、管理性。通过计算，在保证相同计算、存储能力的前提下，刀片服务器年耗电量为普通机架式服务器的 60%~70%。

（七）人行过街设施

宜昌 BRT 快速公交人行过街方式基本为平面过街，改建人行天桥 2 座，新建天桥 4 座、地下通道2个，在车站位置和支路设置59处行人过街。同时因BRT车站设置于路中，考虑到进出站乘客横过斑马线的安全性，在站台段行人过街斑马线位置，一方面结合社会车辆掉头和站台行人过街，启用的是“绿波带”信号灯控制设施；另一方面，增加路中安全岛的设置，在无信号控制的情况下依然保证过街行人的安全。行人过街位置路中设置安全岛，站台配套建设无障碍设施，解决残疾人及老年人进出站需求。

四、运营效果

宜昌BRT1号线开通一年来，日均客流量29.56万人次，占全市客流量的73.9%。至2016年7月15日，累计安全运营2525万公里，安全运送乘客1.08亿人次。

（一）体现了“海绵城市”和“低碳出行”理念，打造宜昌最美的城市流动风景线，显著提升了城市功能品位

宜昌BRT以打造生态景观道路为目标，充分体现“渗、滞、蓄、净、用、排”的海绵城市建设理念，沿线实施绿化改造升级工程，新增树木1075棵、绿化面积29923平方米。实施城市整理工程，改造建筑外立面224栋，开展店招店牌和出店经营专项整治，惠及沿线5万居民。对城市地下管网进行全面、系统、规范和彻底改造，其中高低压线下地11.6公里，架空光缆266公里，更新铺设自来水铸铁管20.6公里，更换钢质天然气管19.2公里，建成宜昌城区首条弱电综合管廊。同时大力实施绿化提档升级、城市小品、城市家居、公共自行车、风雨廊等增值项目，城市品位大幅提升，城市功能进一步完善。

（二）体现了“可持续交通发展”理念，选择了最适合宜昌市特点的快速公交系统，有效缓解交通拥堵压力，显著增强了城市交通承载力

按照现代化特大城市建设交通布局，宜昌市不断拓展城市空间，搭建特大城市骨架。宜昌BRT工程是“三环”建设中内环的关键节点，通过有效衔接火车东站的轨道交通，拉近城区距离，拉开城市布局，增强城市可持续发展动力。在建设过程中，对东山大道沿线交通节点进行彻底的疏导与改善，科学规划建设交叉口，实现交通信号“绿波带”智能控制，给予公交优先的同时，也保障了社会车辆通行快速有序，形成“人车分流、各行其道、规范有序”的良性交通模式，交通拥堵压力得以有效缓解。BRT车辆提速及运营方案的优化实现了资源的有效利用，与开通之前相比，线网重复率由4.68下降到1.65，全程运行时间缩短40%。运营配车数比开通之前减少70台，公交日运营里程节省6%，相当于节约了30万车公里出行量。

（三）体现了“公交先行”和“亲民便民”理念，引导市民选择绿色出行方式，充分展现了生态智慧城市建设成果

交通的最终落脚点在于“人”的出行，宜昌BRT实行公交优先原则，充分运用现代智能交通成果，全部配备站台售检票系统、安全门系统、智能监控系统、电子路牌、GPS

终端等电子设备，运载能力提高一倍以上，运行速度平均提高80%，市内90%区域进入30分钟生活圈。宜昌BRT提供“以人为本”的直达式服务，27条BRT线路同站台内免费换乘（部分路段双向免费换乘），全线贯通14公里长的人行步道，划定专用自行车道，改造建筑立面，改善城市绿化景观及公共空间。根据相关的问卷调查数据表明，市民对东山大道整体环境、BRT车站候车环境、BRT车内环境的满意度大幅提升，20%的公交乘客由之前驾驶小汽车及乘出租汽车出行转换而来，日均约减少5万次机动车出行，步行、自行车出行流量较之前增加了50%。市民选择公共交通、步行、自行车出行的绿色交通参与度明显提升，建设能耗大幅降低，城市空气质量明显改善。由于BRT带给宜昌市的显著效益，市民对宜昌市的城市自豪感上升了10%。

五、创新与亮点

（一）运营单位全程参与

宜昌BRT从项目调研到立项，从走廊设计到建设施工和工程监理，从客流调查到线网优化，从信号灯设置到标识线划线，宜昌公交集团作为运营单位全过程、全方位参与，让设计更贴近公交运营实际，确保了项目一次性试运行取得良好效果，达到了设计目标。

（二）同步建设绿道系统和自行车系统

同步建设BRT沿线的绿道系统和自行车系统，在发挥快速公交运行优势的同时，解决市民出行“最后一公里”的问题，让快速公交系统更加完善，吸引以其他交通方式出行的市民乘坐快速公交。

（三）创新站台设计理念

“专用走廊+灵活线路”、路中岛式和路中岛式错位的设计理念，更加具有可推广性。一是线网优化时可更加贴近原公交运行的现状，在市民出行受到较少影响的同时，又给市民增加了免费换乘多条公交线路的优惠政策，吸引客流。二是路中站台的设计，双侧停靠站台长度在同等情况下可节约一半，可减少对道路资源的占用和节约站台建设费用，适合在道路狭窄的城市推广。三是虽然免费换乘减少了营运收入，但运营单位利用换乘站台，通过采取中长线路截短、整合走廊内重复系数较高线路等方式，解决狭长道路上线网重复系数较高的问题，并可降低运行车辆的配置和人工投入，也可节省运营里程。

（四）首创新式登乘技术

尝试站台新式登乘技术（自动伸缩踏板），安装于曲线形站台，有助于减少或消除进站时BRT车辆与站台的间距，提高乘客上下车速度及安全，适当提升车辆进站速度。

（五）突出指引系统人性化

宜昌 BRT 车站行人指引系统基于人性化角度，充分考虑了行人进出车站的安全性和舒适度等指标，采取由大到小、由总到细、逐步指引的分级指引模式。指引系统按照指示范围、指示内容和功能由总到细共分为 A、B、C、D 四级，并通过一系列颜色的划分，使该行人指引系统更直观、更便捷、更有效，成功地实现了对行人的逐步指引，节省了行人的乘车时间，提高了车站的运营效率，突出了人性化的设计理念。

六、小结

宜昌 BRT 因成功解决了市中心修路中的土地征用、移民安置、环境污染、交通安全及可持续发展等难题，2015 年，宜昌 BRT 项目被亚行评为 2015 年“最佳实施项目奖”和 2016 年“世界可持续交通奖”。宜昌 BRT 的运行标志着宜昌城市公共交通进入了一个全新的时代，它作为一种更加先进的城市交通组织形式，更充分体现了公交优先的发展理念。现如今，宜昌的“国际一流、国内领先，科技智能、交通便捷，生态绿色、靓丽整洁”景观大道已经展现，宜昌 BRT 综合效应也逐步显现。

第十六章

常德快速公交系统发展实践

城市公共交通既与市民生活息息相关，又与城市文明形象密切联系。近年来，随着城市的迅猛发展，常德也和全国其他城市一样，城市交通日益拥堵。市委、市政府为缓解城市交通压力，解决市民出行难的问题，积极落实国务院关于公交优先发展的战略方针，在充分考察、借鉴国内外已开通快速公交城市的经验及广泛听取社会各界意见和建设的基础上，经专家、学者充分论证，市政府经研究决定于2010年10月正式启动常德市城区快速公交系统规划与建设，并将此项工作列入常德市“十二五交通运输发展规划”重点工程。由此，拉开了常德市快速公交系统建设的帷幕。

一、城市背景

常德，古称“武陵”，别名“柳城”，是湖南省省辖市，湖南省省域副中心城市，环洞庭湖生态经济圈核心城市之一，也是长株潭3+5城市群之一。位于湖南北部，江南洞庭湖西侧，武陵山下，与湖北、四川、重庆、贵州四个省市相邻，史称“川黔咽喉，云贵门户”，是一座拥有两千年历史的文化名城，现辖武陵区、鼎城区、安乡县、汉寿县、桃源县、临澧县、石门县、澧县，共6县2区，以及代管1县级市津市市。全市总面积1.82万平方公里，总人口600万人，其中城镇人口168万人。2013年常德市完成地区生产总值2264.9亿元。

二、发展变迁

2011年，为缓解城市交通拥堵，提高市民出行便捷率，市委、市政府经过多方考察调研，作出优先发展城市公共交通、规划建设市城区快速公交系统的重大决策，并将此项工作列入常德市“十二五交通运输发展规划”重点工程。由此，拉开了常德市快速公交系统建设的帷幕。2012年12月26日，快速公交一期工程开通试运行，2015年1月15日，拓展工程H2正式开通运行，形成“一环加二角”线网格局。常德快速公交规划见表16–1。

截至2015年12月，常德快速公交系统总投资约2.2亿元，其中站台建设8600万元，专用车辆购置1.13亿元，智能调度系统、安全门、闸机2000万元。常德快速公交共有线路11条，投入营运车辆106台，日均客流量约3.2万人次。

常德快速公交规划 表 16-1

序号	线路	起　点	讫　点	线长（公里）	配车	车次	配驾	日里程（公里）	日运量（人次）
1	H1	德山公交站	公交总站	21.9	16	160	24	3504	4483
2	H2	德山公交站	公交总站	26.62	14	112	21	2981.44	2435
3	H11	莱茵小镇	柳叶湖	16.5	10	120	15	1980	3222
4	H13	德山公交站	公交二公司	22.4	22	176	33	3942.4	11335
5	H15	火车站	文化宫	16.7	10	120	15	2004	2925
6	H16	高职院	柳叶湖	15.5	2	28	3	434	495
7	L18	武陵阁	汤家坪	26	6	71	9	1846	2184
8	51 路	柳叶湖集散中心	欢乐谷水世界	17	10	120	15	2040	1584
9	L11	司马楼	柳叶湖车站	5	1	21	1	105	15
10	L12	德山公交站	晒谷岭	10	2	20	2	200	48
11	L13	芦山	八字路	2.7	1	21	1	56.7	56
12	机动车辆			12 台					

三、系统特性

（一）线网布局

快速公交一期工程按“一主五支三连线”线网构架共设置 9 条线路，封闭式专用道起讫点为德山大桥北引桥，经常德大道、桃花源路至桃花源大桥北引桥，线路总长 119.9 公里，建设 24 对 48 座中央侧式站台。快速公交拓展工程共设计运营组织线路“二主三支六连线”，运营线路里程达 144.1 公里；设置 19 对 38 座中央侧式快速公交站台；封闭式专用道起讫点为桃花源大桥南端至德山大桥南端；拓展工程由常德大道往西连接灌溪工业园、由桃花源南路往南连接桃花源机场，形成“一环加二角”线网格局。常德市快速公交线网，如图 16-1 所示。

（二）营运组织

快速公交一期工程共配置 72 台营运车辆，其中专用车辆 66 台，运营时间从 6：00 至 22：00；快速公交一期拓展工程共配置 12 米车辆 72 台、8.5 米车辆 34 台。2015 年 1 月 15 日，顺利开通试运行快速公交一期拓展工程 H2 环圈主线（公交总站至德山公交总站），2015 年逐步开通其他拓展工程线路。2016 年底，快速公交专用车辆一共 172 台，快速公交专用站台 86 座，已投入使用 79 座。设置快速公交专用道 40.8 公里，线路总长 146.9 公里。

图 16-1　常德快速公交线路图

（三）专用道使用情况

快速公交专用通道除快速公交车辆及执行紧急任务的军警车、消防车、救护车外，禁止其他一切车辆（含常规公交车、校车）在快速公交专用通道通行。设定快速公交专用道的道路全路段严禁超速行驶。快速公交设定速度 50 公里 / 小时，在快速公交专用道的道路上，机动车、行人和非机动车必须严格遵守信号灯规定。非机动车和行人不得在机动车道内通行，横穿马路须走人行横道线，行人不得翻越交通隔离护栏。乘坐快速公交的乘客，要走人行横道线，并按照人行横道信号灯的指示进出快速公交站台。

（四）站台组织情况

常德快速公交设置中央侧式快速公交站台。站台全长 59.2 米、宽 2.7 米、高 3.5 米。进站通道约 20 米长，站台采用铝合金框架式结构。每个站台左右两侧均设置有醒目的站台牌，以告知乘客和机动车道社会人员本站站名。乘客首先通过人行横道到达站台口，在站台入口处设有线路指示牌，线路指示牌上将经过本站的线路和具体途经站点都进行了标示，以便于乘客核对乘车路线信息，避免误乘。

在通道内还设置有站服员工作室，站服员主要负责解答乘客问询、引导乘客依次有序通过刷卡机刷卡（使用现有公交 IC 卡）或投币进入候车区域，当车辆到达后通过安全门水平上车。快速公交支线车在快速公交主干道上采用快速公交的乘坐方式，进入常规公交车道后，采用常规公交无人售票车的乘车方式（即前门上车、后门下车，在车上投币、刷卡）。

（五）乘坐方法

乘客首先从人行横道到达站台口，通过刷卡机刷卡（使用现有公交 IC 卡）或投币，进入候车区域，当车辆到达后通过安全门水平上车。快速公交支线车在快速公交主干道上采用快速公交的乘坐方法，进入常规公交车道后，采用常规公交无人售票车的乘车方法（即前门上车、后门下车，在车上投币、刷卡）。

四、运营效果

一期快速公交自 2012 年开通运行以来，以“安全、正点、快捷”的服务得到了社会各界的一致好评。2014 年共完成营运趟次 287231 趟，营运里程达 4655543.38 公里，准点率为 97.2%，日客流量约 3.2 万人次。

（一）出行环境明显改善

快速公交系统建设设置专用道还路权于民众，运用智能调度系统保障车辆准点运行，投入高档舒适公交车辆，驾乘人员服务规范、票价优惠、换乘免费，让乘客花费公交票价享受到乘坐地铁般的服务。在春运等节假日道路拥堵时，快速公交专用道的快捷优势尤为明显，特别是通过调度系统合理安排运力，为江北城区与鼎城区、德山经济技术开发区、柳叶湖旅游度假区之间的乘客出行提供了更为便捷的公交服务，得到市民群众的一致盛赞。截至 2015 年底，共为乘客找回各种丢失物品 78 件，拾捡乘客遗忘物品 158 件查找失主，收到感谢锦旗 4 面，感谢信、表扬信 12 封，表扬电话 35 起。

（二）公交服务显著提升

快速公交全部实行公车公营管理，公司通过考核驾驶员安全营运、规范服务、卫生整洁情况及所驾驶车型、营运线路客流量、工作时长计发其工资。从根本上转变了租赁经营、单车核算模式下驾乘人员重经济效益、轻服务质量的意识，快速公交驾驶员、站服员不以追求经济效益为最终目的，真正做到服务第一、安全第一，市民群众对快速公交驾驶员、站务员的服务质量均给予肯定，开通至今没有发生一起服务质量投诉。

（三）政府大力发展公交

快速公交系统建设是市委、市政府优先发展城市公交的战略决策，是建设资源节约型、环境友好型社会的具体体现，鼎城区、经济技术开发区、柳叶湖度假区政府及市交通运输局、市财政局、市国资委等相关管理部门都给予了大力支持。作为湖南省开通的第一条快速公交线路，常德快速公交的开通运行被评为常德市 2012 年度“十大新闻事件”，标志着常德城市交通步入快速公交新时代。开通以来，共接待中央、省级新闻媒体、省市领导及市人大代表、政协委员、其他城市公交同仁参观达 39 批约 1500 人次。2014 年，省军区司令员黄跃进、省委书记徐守盛先后参观常德市快速公交系统建设情况，并给予高度肯定。

五、创新与亮点

（一）开展站服员星级评选

常德公交紧密结合行业特点，着力强化站服基础管理，规范站服人员服务流程，在全体快速公交站服员中广泛开展了“站服员星级评选”活动，通过对站服员工作质量的评比，树立五星级先进模范，激发站服员工作积极性和创造性，促进公司形象建设不断提升。

（二）实行低票价优惠政策

快速公交票价与普通公交车票价一样，投币 1 元，开放空调 1.5 元，支线与主线在快速公交换乘站实现同台同向免费换乘，连接线与主线在快速公交换乘站同向免费换乘。主线采用站台售票方式（无人售票、不设找零），支线、连接线采用常规公交无人售票车的售票方式。与常规公交一样，老人、残疾人、学生等群体凭相关有效证件（卡）可免费、优惠乘坐快速公交车辆。

（三）坚持常态化员工培训

公司坚持优质服务规范化、安全教育常态化，多次组织全体站服员、驾驶员进行安全教育和优质服务培训，把工作中的常见问题制作成幻灯片，图文并茂，通俗易懂，取得了较好的效果。常德快速公交线乘务员岗前军训，如图 16-2 所示。

（四）启动控速管理抓安全

安全生产是公交企业的永恒主题，更是经济效益的重要保证。公司始终把安全管理工作摆在重中之重，从抓员工安全教育入手，落实安全责任制，开展控速行车管理，加大奖罚考核力度，公司安全事故、维修成本逐步下降，社会效益得到明显提升。

图 16-2　常德快速公交线乘务员岗前军训

六、小结

快速公交系统是一种高品质、高效率、低能耗、低污染、低成本的新型城市公共交通方式，它的推行进一步体现了常德市落实“优先发展公共交通”的政策和“绿色”、“低碳”交通发展的理念。和普通公交相比，快速公交具有价格更便宜、运行更安全、服务更优质、趟次更准点、环境更舒适、调度更便捷等特点，快速公交方便了市民出行、缓解了交通压力、提升了城市形象和知名度。快速公交分公司获得了“2013 年度常德市工人先锋号”称号，快速公交智能调度指挥中心获得了“2012 年度常德市青年文明号”称号。

第十七章

中山快速公交系统发展实践

一、城市背景

中山市是一代伟人孙中山先生的故乡，位于珠江三角洲中南部，珠江口西岸，北接广州市番禺区和佛山市顺德区，西邻江门市区、新会区和珠海市斗门区，东南连珠海市，东隔珠江口伶仃洋与深圳市和香港特别行政区相望。中山市是中国四个不设市辖区的地级市之一，现辖 6 个街道、18 个镇，总面积 1800 平方公里。至 2014 年末，全市常住人口 319.27 万人，城镇化水平 88.07%。全市公路通车里程 2610.45 公里。全市机动车拥有量 96.41 万辆，其中，汽车拥有量 63.98 万辆。全市实现生产总值 2823 亿元，完成公共财政预算收入 251.6 亿元。

二、发展变迁

近年来，中山市委、市政府高度重视公共交通发展，提出“交通先行再先行，公交优先再优先”的发展战略思想，并把公交发展作为“十件民生实事”全力推进。时任市委书记、市人大常委会主任薛晓峰同志更是以高度关注民生的执政情怀，先后多次体验、调研和视察公交，倾听市民心声，并决定开展公共交通发展战略研究，不断促进全市公共交通发展。按照市委市政府部署安排，中山市于 2011 年 3 月启动《中山公共交通发展战略》研究，重点提出构建以快速公交为载体的“一环、二交叉、三横、四纵、五辅”的公共交通骨干网络。2012 年 4 月，市政府常务会议研究同意实施《中山市公共交通发展战略》。2013 年 5 月，中山市快速公交系统示范线工程可行性研究通过评审；随即开展初步设计、施工图设计等相关工作。2013 年 10 月 21 日，中山市快速公交示范线“主城区利和广场至火炬公交枢纽”开工建设，工期 90 天。2014 年 1 月 27 日，快速公交“一主三支”4 条线路开始投入试运营。2014 年 7 月 18 日，新开通快速公交支线 B13、B15 路，运营“一主五支”6 条线路。2015 年 10 月 2 日，新开通快速公交支线 B17，投入双层双开门 LNG 巴士，运营“一主六支”7 条线路，基本覆盖了主城区及火炬开发区主要客流聚焦点。中山快速公交线网，如图 17-1 所示。

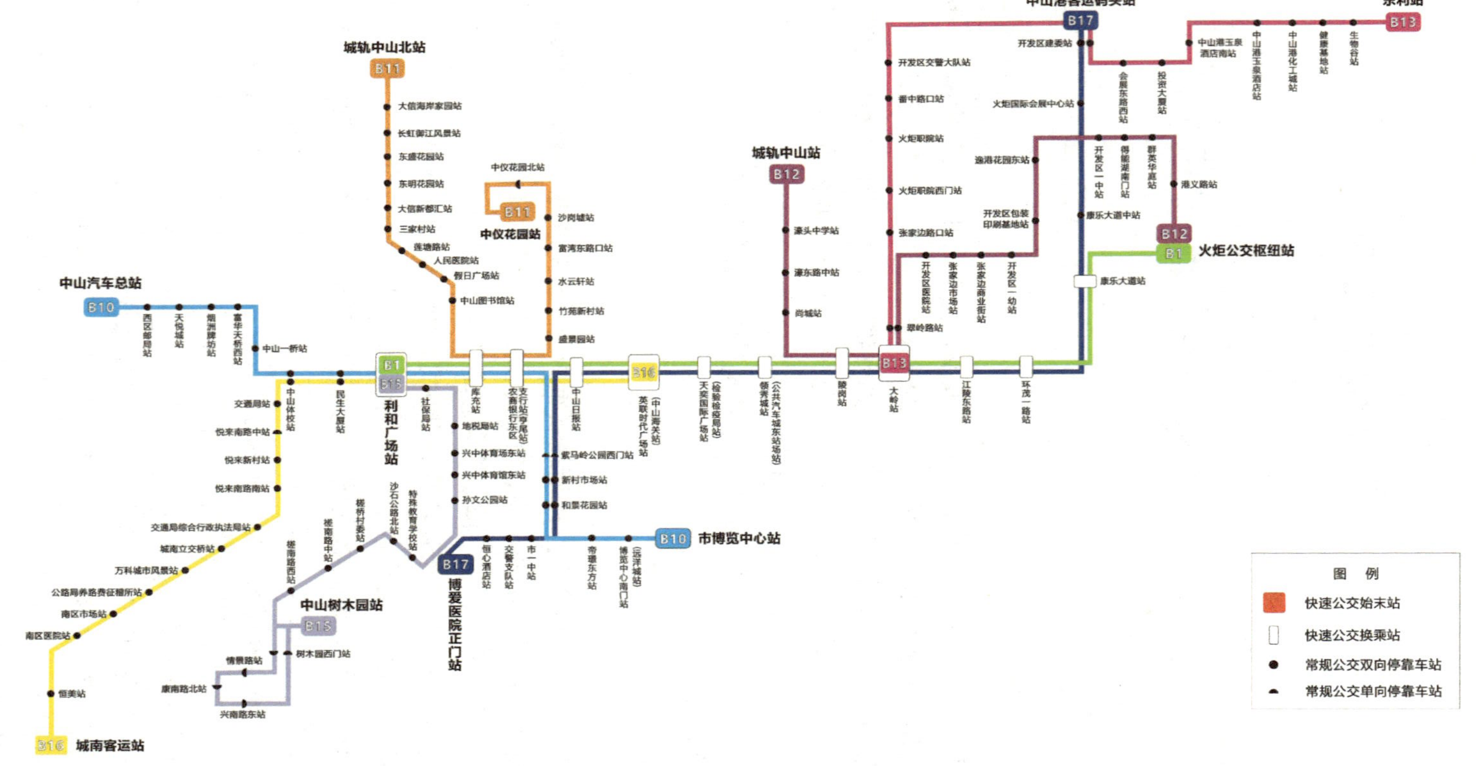

图 17-1 中山快速公交线网图

三、系统特性

中山市快速公交示范线主线全长12.6公里，共设置13座封闭式站台，总投资1.65亿元（不包含车辆、站场），设置“一主六支”7条线路，里程合计86.8公里，日运营592班次，日运营里程1.51万公里，每天客运量超6万人次。其系统特性如下：

（一）线路组织

设计线网结构综合考虑中山的城市和人口规模，精确计算客流需求，采用主线+支线组合线网的运营模式。其中主线选择在高客流走廊的中山路，并配置若干支线，通过增加支线将医院、超市、广场、学校、小区等大型客流集散点与快速公交主线衔接起来，使各线路输送的乘客在快速公交站台内即可实现双向免费换乘，提高了快速公交线网的服务覆盖面，让更多的市民能够享受到高品质的公交服务。同时，也降低了市民的公交出行成本，一次付费即可到达目的地。

（二）专用道设置

全线设置路中式快速公交专用道，快速公交专用道与社会车道之间划线隔离，保证如快速公交车辆故障时，后续快速公交车辆可利用社会车道借道通行。同时也保证如救护车、消防车等特种车辆能够使用快速公交专用道，为城市提供一条生命通道。

目前，快速公交专用道实施时段性专用通道通行，6时至22时30分，允许快速公交车辆及执行紧急任务的消防车、救护车、常规公交车、军警车、校车在快速公交专用通道通行，22时30分至次日6时，社会车辆可以按照车道内导向指示使用快速公交专用道，实现了公交路权的最优分配。

（三）站台设置

快速公交示范线共设置13个站台，平均站距约1公里。其中江陵东路站、环茂一路站、康乐大道站3个站台采用孙中山故居风格的砖混形式，其他10个站台为钢结构。每个站台每侧提供2个停靠位，保证2辆车能够同时进站。站台地面和公交车踏板处于一个水平面，车辆进站停靠时与站台之间的距离小于20厘米，乘客上下车时无须上下台阶。

本次示范线工程的13个站台基本都设在交叉口或人行横道附近，利用人行横道过街，节省了建设人行天桥、地下隧道产生的巨额费用。此外，13个站台中，有12个站台附近100米范围内有普通公交站点，方便乘客换乘；9个站台附近100米范围内有公共自行车租赁点，方便乘客解决最后一公里的问题。

（四）车辆配置

快速公交示范线共配置93辆车辆，采用LNG动力系统、国Ⅴ排放标准、自动语音报站、360毫米低地板，具有较好的舒适性和环保性。其中主线使用6辆容量大、左开门的18米铰接车辆和15辆12米长左开门车辆，支线使用67辆9米长双开门车辆，有5辆是中山首批双层双开门客车。

（五）票制票价

采用单一票制，投币2元，刷中山通IC卡1元，站台内双向免费换乘。乘客乘车程序为：购票（刷卡或投币）—过闸机进站—候车—乘车，可以实现自动刷卡投币过闸机进站，具备无人值守的功能。乘客在封闭式站台内可实现同台双向免费换乘，即乘客购票一次，可多次双向换乘系统内的其他快速公交线路。

（六）智能调度系统

配置了兼容北斗和GPS的智能调度系统，集报站、实时信息发布、售检票无人值守等多功能的完善的站台设备。每个站台内设有广播和4块LED显示屏，实时滚动地向站台乘客提供车辆预到站信息、到站、离站信息、公交线路换乘等服务信息，为乘客提供更人性化服务和提高公交服务的满意度。配备的智能公交调度系统，可远程实时监控、调度快速公交的运营情况。

四、运营效果

（一）提升了主城区首位度

快速公交主线B1运营速度高达25公里/小时，高峰时段为常规公交的1.7倍；运营时间28~30分钟，使得主城区与火炬区之间的公交出行时间缩短至30分钟，使火炬区与主城区的联系更加紧密，在一定程度上使城市发展向主城区引导集中，较好地提升了主城区的首位度。

（二）提高了公交出行分担率

快速公交示范线吸引了更多的市民放弃开私家车，选择乘坐公交车，提高了公交出行分担率。据国家统计局中山调查队调查，从快速公交客流构成来看，64.0%来源于常规公交，其次是私家车（小汽车）和摩托车，分别为13.4%和10.5%，即36%客流从其他交通方式转移过来。

（三）使市民出行更加快捷

快速公交建成运营后，媒体记者们多次尝试在高峰时期一人开车，一人乘坐快速公交从示范线起点至终点，测试快速公交能否跑赢私家车，快速公交未尝败绩。而据国家统计局中山调查队的一组调查数据显示，从利和广场到大岭站，全长共8.2公里，工作日早晚高峰时段，快速公交B1线平均用时20.5分钟，平均时速为24公里，常规公交平均用时29.3分钟，平均时速为16.8公里，在这一时段，快速公交要比常规公交时速快42.9%。广大市民也表示，乘坐快速公交出行更加快捷了，节省了很多时间，尤其是在上下班高峰期，选择快速公交出行更具优势，其班次也很密集，为5~6分钟一班。

（四）改变了市民出行方式

快速公交的建成运营，让更多市民了解、认可快速公交，引导了市民选择快速公交这种低碳、环保的绿色出行方式。目前，更多的市民愿意选择快速公交出行，逐步习惯了通过一次、两次的快捷换乘到达目的地这种公共交通出行方式，如图 17-2 所示。

图 17-2　市民踊跃乘坐体验快速公交

（五）提升了公交服务品质

快速公交以其接驳顺畅、换乘方便、班次准点、环境舒适的特点得到了广大市民的认可，市民的乘车舒适度和候车环境质量得到全面提升，公交服务水平明显提高，更为重要的是为市民提供一种与小汽车相比具有竞争力、高品质、快捷的公交服务。据国家统计局中山调查队调查显示，在有乘坐中山快速公交经历的受访者中，98.8% 对中山快速公交的总体评价是好或较好；97.6% 对中山快速公交服务水平、软硬件设施等表示满意或比较满意。

（六）预留了城市生命通道

快速公交专用道为市民预留出一条生命通道，专用道不只快速公交车可以通行，消防车、救护车以及一些其他特种车辆也可行驶。即使是普通市民，如果遇上类似病人需要紧急救治等情况，也可以进入该专用道行驶，可谓城市救急的“生命通道”。

（七）提升了城市生活品质

快速公交开通仅 5 个月，沿线已经有健康花城、岭汇名轩、领秀城、尚城、英联时代广场等房地产开发项目，并将自身是邻近快速公交站点的楼盘作为强有力的宣传和销售优势；快速公交沿线的房价较其他非快速公交站点楼盘也有所提高。因此可以说中山市快速公交示范线已经潜移默化地影响了中山市城市发展布局，公交引导城市发展的理念正被广大市民逐步接受，也为中山市这个广东省公交优先发展示范城市添上了浓墨重彩的一笔。

（八）增值了公交服务

目前中山快速公交站台已成为公交集团对外服务的窗口，除日常快速公交运营外，还设有中山通 IC 卡售卡、充值、办理公共自行车租赁、出售岐江夜游船票、外地老年人办理中山通免费乘车卡等功能，增值了公交服务，方便了市民群众。

五、创新与亮点

（一）投资成本最低

中山市快速公交示范线全长 12.6 公里，包括江陵大道 3 公里的改造共投资 1.65 亿元。除购买公交车的费用外，包括站台工程、道路工程、交通工程、安装工程、绿化工程、智能化工程等项目。平均每公里造价约 1300 万元，这在全国乃至全世界来说，都算是造价最低的快速公交系统之一。

（二）建成速度最快

中山市快速公交示范线于 2013 年 10 月 21 日动工，2014 年 1 月 18 日完工， 3 个月就建成并试运营，体现了中山市委市政府为群众做好事的决心和魄力，减少了施工对市民影响。

（三）票价优惠最大

中山快速公交系统实现同台双向免费换乘，且票价为 2 元，刷中山通 IC 卡可享 5 折优惠，真正意义上让乘车的老百姓省钱，是全国快速公交系统中票价优惠幅度最大的系统之一。

（四）示范作用明显

中山快速公交推动了主城区和副城区的发展，并满足了基层老百姓的出行需求，为将来快速公交系统的建设提供了经验。

（五）规划设计合理

中央岛式站台和交叉口设计巧妙利用了原有设施，因地制宜，对交通现状影响降至最低。中央岛式站台在现有的中央绿化带上建设，无需对道路沿线进行大改造，节约了道路资源，并且双向客流共用站台设备，提高了站台空间利用率。

六、小结

中山市快速公交示范线的建成运营是中山公交发展史上的一个重要里程碑，对疏解交通拥堵、引导城市发展、优化城市品质等具有重要意义。该系统运营至今得到了广大市民的点赞和认可，普遍认为快速公交快捷、准点、平稳、省钱、环保，是一件真正利民惠民的民生工程。快速公交已经成为中山市一条靓丽的城市风景线，成为伟人故里崭新的名片。中山市的最终目标是按照《中山市公共交通发展战略》，在中心城区搭建以快速公交为载体的“一环、二交叉、三横、四纵、五辅”的公交骨干网络，并与常规公交、公共自行车慢行系统共同构成功能明确、层次清晰、运行高效的公共交通体系，为广大市民提供优质的公共交通服务。

第十八章

柳州快速公交系统发展实践

一、城市背景

柳州，又称龙城，是一座具有2000多年历史的古城。是中国中西南地区的重要交通枢纽和区域经济中心，广西最大的工业城市，全市辖四区六县，总面积1.86万平方公里，市区面积1016.75平方公里，总人口375.87万人。柳州是一座汉族、壮族等30多个民族相聚而居的城市，民族风情独具神韵，壮族的歌、瑶族的舞、苗族的节和侗族的楼，堪称柳州“民族风情四绝”。柳州工业发达，2009年11月9日成为继北京、上海后第三个汽车年产量超过100万辆的城市。2015年全市实现地区生产总值2311亿元，工业总产值4573亿元，完成财政收入343.8亿元。工业总产量约占广西的三分之一，已形成汽车、冶金、机械三大支柱产业。柳州素有“工业城市中山水最美，山水城市中工业最强”的美誉。作为喀斯特地貌的山水之城，国务院前总理温家宝曾赞誉柳州“山清水秀地干净”、“柳江河是广西最大的品牌”、“全国找不出第二条这样的河”。唐代著名文学家柳宗元在柳州任刺史时，曾用“越绝孤城千万峰”、“江流曲似九回肠”的诗句来描绘这座城市。

二、发展变迁

2009年开始，柳州市组织相关部门先后开展了《柳州市城市快速公共交通规划研究》、《柳州市轨道交通及BRT系统初步规划》等与快速公交发展相关的研究。

2011年，柳州市组织编制了《柳州市城市快速公交1号线工程运营组织设计报告》，确定了柳州快速公交1号线工程分两期完成，一期工程“一主七支”、二期工程在一期线网的基础上增设6条线路，使柳州市快速公交1号线线网呈“一主十三支”的形态，通过整个线网的扩展，服务覆盖面扩大至河西片区、柳南片区、柳江县以及柳北片区内部。快速公交1号线一期工程总计规划线路长度140公里，换乘站48座。2012年下半年，柳州市快速公交1号线开工建设，2013年12月30日开通运营。快速公交1号线一期工程的开通运营，使常规公交与快速公交实现了无缝对接。柳州市快速公交规划情况，见表18-1。

柳州市快速公交规划情况 表 18-1

序号	线路	起　点	讫　点	线长（公里）	配车	车次	配驾	日里程（公里）	日运营（人次）
1	快 1	雒容镇人民公园	火车站	29.1	27	147	65	7264	25019
2	快 2	东园公交站	火车站	11.6	12	96	29	1831	8736
3	快 3	古亭山森林公园	人民广场	13	10	78	24	2084	7708
4	快 5	莲花客运站	科大一附院	15.3	12	70	29	2186	8743
5	快 6	龙潭医院	人民广场	10.4	8	40	19	883	3430
6	快 7	市人民医院东	职教园公交站	18.5	7	70	17	1533	3905
7	快 8	东园公交站	火车站	12.05	7	49	17	1151	3904
8	快 9	雒容人民公园	火车站	30.05	32	252	77	9842	39541
合计				140	115	802	277	26778	100987

柳州快速公交 1 号线总投资 7.29 亿元，截至 2015 年 12 月，柳州快速公交共有一主七支共 8 条线路，日均配车 114 辆，其中 18 米公交车 5 辆，12 米公交车 109 辆，配备驾驶员 277 人，日发送车次 802 个，日均运营里程 2.68 万公里。

三、系统特性

柳州市快速公交系统在规划、设计、建设、运营中突出“科技、环保、创新、务实”，形成了鲜明的特色和亮点。

（一）线路布设

线路走向与城市发展方向相一致，快速公交 1 号线主要是将城市中心城区与柳东新区连接。线路走向尊重客流规律，快速公交沿线有大型商业圈、娱乐场所，聚集了大量的人流。同时，快速公交 1 号线还连接了对外交通枢纽（火车站、汽车南站、白沙客运站、莲花客运站）、核心商圈（城中半岛五星工贸、步步高广场以及飞鹅商城）、政府机关（市政府）、主要医院（人民医院、中医院）、学校（柳高、十二中学、景行小学）和旅游景点（柳州市博物馆、柳侯公园、鱼峰山、马鞍山、工业博物园）等客流集散地。

（二）线路组织模式

柳州结合城市自行的客流规模与市民的出行特征，在充分考虑快速公交专用道利用效率的基础上，创造性地采用了半封闭型线路组织模式，即在保证 BRT 主线通行效率的同时，开通了 7 条快速公交支线和 2 条快速公交区间车线路，实现了快速公交系统内部同站台同方向免费换乘。目前，快速公交 1 号线设有主线 1 条，支线 7 条，区间车 2 条。快速公交开通支线和区间车，不仅解决了高断面的客流、扩大了快速公交系统的覆盖面，还提高了快速公交专用道的利用率，并通过快速公交网络提升了系统运营效率。柳州快速公交线路，如图 18-1 所示。

图 18-1　柳州快速公交线路图

（三）专用道设置

考虑到柳州市道路特点、交叉路口通行能力以及线网特点等因素，柳州市快速公交专用道位于道路两侧，采用黄色标线与其他社会车道隔离，车站在专用道的一侧，车辆全部采取右开门方式。专用道的设置保障了快速公交主线的专用路权，充分体现了公交优先就是老百姓优先的惠心政策。

（四）站台设置

柳州快速公交站台采用路侧式站台，单个站台是由快速公交站台部分和常规公交站台部分整合而成。站台长 100 米，前 40 米是常规公交站台部分，用于停靠常规公交线路；后 60 米是快速公交站台部分，用于停靠快速公交线路，可停同时停靠 2 辆 18 米的快速公交车。中间站台满足了常规公交和快速公交的无缝接驳，极大地方便了乘客的出行、换乘选择。站台宽 3 米，为乘客提供宽敞、无障碍的候车空间。站台高 35 厘米，与快速公交车辆踏板平齐，方便乘客水平登车。站台设置有售检票系统和安全门系统，能让乘客在站内售检票，通过 6 个安全门同时上下车，不仅缩短了乘客登车时间，还保障了乘客的候车安全。站台还设置了 LED 信息屏、语音广播系统、视频监控系统、红外线周界防范等系统。整个站台为乘客提供高效率、快速的乘车途径，并为乘客提供了及时、准确、全面的运营信息服务和安全、舒适的候车、乘车环境。

（五）快速公交车配备

柳州快速公交 1 号线一条主线七条支线共投入公交车 114 辆，配备的车辆为“大容量、高性能、高安全、高舒适、低入口、低排放、智能化、人性化、外观亮丽”的高等级空调 BRT 车辆，其中 18 米 5 辆、 12 米 109 辆，均为国内一线品牌大型客车厂制造。全部采用全承载式车身结构、整车骨架阴极电泳工艺、一级踏步低入口形式、空气悬架系统、自动变速器、进口米其林真空轮胎，具有高度的舒适性。车内安装有全球 GPS 定位系统，全部实现通过公交智能调度系统远程集中统一调度，电脑报站器自动报站，开关乘客门自动播放服务语音。车身内外安装有多个摄像头，实现远程时时监控和录像回放功能。实现 CAN 总线系统对车上所有电气设备和车辆主要总成电气控制模块的集约化安全控制，并通过 GPS 上传车辆技术状况信息至车辆技术状况监控中心，全面实现车辆安全技术状况的远程监控，打造“车联网”应用技术。全部安装侧窗破玻装置，在紧急情况下为乘客提供逃生通道。车内设置有残疾人专用座椅及固定设施，车辆后门地板处安装有供残疾人轮椅上下用的翻板。

（六）智能化系统

柳州快速公交智能化系统，是综合运用检测技术、定位技术、无线有线网络通信技术、控制技术、计算机技术、地理信息技术、智能调度技术、信息处理技术、办公自动化、资源计划管理等技术，建立起来的一套适应柳州市公共交通发展需求的、先进的、实用的信息化系统。

柳州快速公交智能系统包含网络通信、乘客信息服务、运营调度、资源计划管理、视频监控、数字广播、周界防范等子系统。整个智能系统是对各子系统的高度整合，对整个快速公交的智能信息资源进行科学调配，让快速公交各业务流程在统一的平台内运行，具备自锁、互锁控制的信息流，让快速公交内的人力、车辆、物资等重要资源得到科学合理的利用，大大提升快了快速公交系统的管理水平和运营效率，不仅满足乘客日益增长的对公共交通的需求，同时也更好地满足了营运企业对营运、调度、日常业务管理的信息化的需求。从而让企业的管理真正上升到信息化管理的高度，整体提升了企业管理水平。柳州快速公交调度与安全监控中心，见图 18–2。

图 18–2　柳州快速公交调度与安全监控中心

（七）人行过街设置

柳州快速公交沿线人行过街设置遵循方便行人的原则，在交叉路口优先采用平面过街方式。快速公交 1 号线共设置 48 处过街道，其中人行横道 44 处，占比达 91.7%，最大限度地保证市民便捷进站上车，见表 18–2。

人行过街设施汇总表　　表 18–2

序号	设置位置	快速公交 1 号线站台数
1	车站总数（除首末站）	48
2	人行天桥	2
3	地下通道	4
4	人行横道	42

四、运营效果

目前，柳州快速公交网络 140 公里，日均客运量 10 万人次，占全市客运量的

15.7%。至 2015 年 12 月，累计运营 1966.82 万公里，安全运送乘客 7510.41 万人次。

（一）缓解交通拥堵，方便市民快捷出行

柳州市快速公交 1 号线主线平均速度达到 29 公里 / 小时，通过专用道、站台售检票、信号优先等保证车辆准点率，达到国际先进水平。据调查，有 90% 的乘客表示快速公交缩短了出行时间。同时，通过提升快速公交系统运营效率、整合沿线常公交线路，从 2013 年 12 月 30 日柳州开通快速公交线路以来，柳州公交陆续撤停与快速公交线路走向基本一致的常规公交线路 7 条，优化调整常规公交线路 2 条，有效减少了交通拥堵，改变了城市交通面貌和城市形象。

（二）减少出行成本，优化市民出行结构

快速公交凭借其优质的服务，吸引了大量的出行者。整个快速公交系统 48 个中间站，有 17 个实行主线和支线免费换乘，其中 4 条线路以上免费换乘的有 11 个站，低票价和免费换乘大大降低了市民的出行成本。据统计，从 2013 年 12 月 30 日开通至 2015 年底，约有 256.26 万人次享受到免费换乘的优惠。同时，各类公交 IC 卡实行与常规公交相同的打折或免费的优惠政策（即电子钱包 A 卡实行 9 折优惠；学生卡 3 折优惠；月票卡实行 5 折优惠；老年人乘车卡、残疾军人乘车卡、残疾人乘车卡等刷卡免费乘车），让普通老百姓真正享受到快速公交带来的实惠。

（三）推动节能减排，促进行业绿色发展

据测算，因快速公交具有大容量载客的优点，柳州快速公交与常规公交相比较每年单位运输周转量能耗下降 0.311 吨标准煤 / 万吨公里，年节约 984.89 吨标准煤。开通以来，每年减少 1437 万人次摩托车、私家车等私人机动化出行，缓解了城市的交通拥挤，提高了城市道路的利用率，节约了大量能量，减少了机动车尾气污染，改善了空气质量。随着柳州快速公交网络的不断优化和完善，将会有越来越多的市民选择具有舒适乘车环境、快速准点、安全方便的快速公交出行，对推动节能减排，减少环节污染的贡献将越来越大。

五、创新与亮点

（一）快速公交与常规公交组合运营，实现双赢效应

作为广西首条快速公交，柳州市快速公交 1 号线采取一主七支的运营模式，扩大了高品质快速公交服务覆盖面，沿线快速公交与常规公交组合运营，快速公交与常规公交共享公交站台和公交专用道，提高了站台和专用道的利用率，使公交专用道得到了充分利用，大大减少了常规线路的公交车占用沿线道路的情况，同时提高了快速公交和常规公交车辆的运营速度，实现了双赢效应，打造了具有柳州特色的快速公交运营模式。

（二）全程实施低票价政策，惠民利民落到实处

柳州市是继北京、常州之后，实行公交低票价政策的城市，柳州市快速公交系统全程实行 1 元 / 人次的低票价政策，同时实行同台同向免费换乘，各类乘车 IC 卡实行与常规公交相同的打折或免费的优惠政策（即：电子钱包 A 卡实行 9 折优惠；学生卡 3 折优惠；月票卡实行 5 折优惠；老年人乘车卡、残疾军人乘车卡、残疾人乘车卡等刷卡免费乘车），投一次币即可达到系统区域内的任何地方，让广大市民实实在在地享受惠民政策。

（三）快速公交吸引力巨大，客流量在短期内快速上升

快速公交 1 号线经过一年实现正式运营后不断完善、提升，实现了公交出行快速化，公交线网得到优化，公交服务水平进一步提高，促进了柳东新区与柳州中心城区的沟通往来，带动了快速公交沿线地区的经济发展。实惠的票价、宽敞舒适的乘坐空间，加上电子站牌、进站预报、免费换乘、公交专用道和信号优先等一系列快速公交服务系统，充分改善了市民群众的出行环境，极大地增强了公共交通的吸引力，为柳州市创建“公交都市”奠定了较好的基础。据统计，快速公交 1 号线日均客运量从刚开通时的 7.5 万人次快速上升到 10 万人次，增长达 33%，最高单日客流量为 13.8 万人次。

（四）智能化系统科技含量高，实现“以人为本”管理理念

柳州公交智能管理系统的建设，是基于柳州公交信息化系统基础之上的、以快速公交为主线、包含快速公交与常规公交统一运行的，具有高整合度、高技术、高效率、高度舒适、高安全性的主要特征。系统是由柳州公交根据十多年的自身管理经验创新开发而成，能够对快速公交和常规公交统一调度、统一协调、统一监控、统一优化，为乘客提供方便、快捷、安全的乘车出行服务，真正实现以人为本、科学发展的理念。

六、小结

柳州快速公交是柳州“公交革命”的重要举措之一，实践表明，快速公交 1 号线的开通运营极大地方便了市民的生活与出行，有效改善了柳州市的交通秩序，提升了柳州市的交通出行结构，提升了柳州公交的出行比例，提升了柳州公交的服务品质，对缓解柳州市交通拥堵起到了重要作用。提高了道路资源的利用率，节约了能源，减少了机动车尾气、交通噪声等方面的污染，为节能减排工作立下汗马功劳，同时对周边地区经济发展起到了拉动作用，充分体现了柳州市政府贯彻落实公交优先发展政策的决心，标志着柳州市政府发展和谐社会、打造资源节约型和环境友好型城市取得了突破性进展，为促进柳州市的经济和城市可持续发展作出了重大的贡献。

第十九章

兰州快速公交系统发展实践

一、城市背景

兰州市是甘肃省省会，是甘肃省的政治、文化、经济和科教中心，是西北地区的中心城市之一，丝绸之路经济带的重要节点城市，中国18个铁路局之一的兰州铁路局本部所在地。2012年8月28日，国务院批复设立西北地区第一个、中国第五个国家级新区——兰州新区。文件中明确指出，要把建设兰州新区作为深入实施西部大开发战略的重要举措，并于2020年将兰州发展为西北地区现代化大都市。兰州是一个黄河穿越市区的城市，市区依山傍水，山静水动，年平均降水量360毫米，年平均气温10.3摄氏度，兰州市区南北群山环抱，东西黄河穿越而过。具有带状盆地城市的特征，地处黄河上游，形成了独特而美丽的城市景观。近年来，市委市政府准确把握经济发展新常态，坚持稳中求进工作总基调，强化改革推动、创新驱动和城乡联动，着力加快产业转型升级，深度融入丝绸之路经济带建设，更好发挥中心带动作用，努力提升全市人民的幸福指数。

二、项目背景

2009年，兰州市政府贯彻落实公共交通优先发展战略，切实改善城市交通环境，破解市民出行难题，在亚洲开发银行、美国交通与政策发展研究所（ITDP）的支持下，着手开始进行快速公交系统概念研究以及安宁东西路主干道和七里河敦煌路（仁寿山—兰州西站）BRT系统的研究设计建设和实施工作。该系统提供快捷、清洁和经济的公交服务，成为连接规划中的新城中心和老城区的通道。总长度12.3公里，设立19个快速公交专用车站。根据“专用走廊＋灵活线路”的运营模式，建设BRT专用车道、路中车站及其附属设施。

2011年3月20日，筹划3年多的亚行贷款兰州城市交通项目中重要的子项目快速公交系统项目开始全面开工建设；2012年12月28日，BRT一期项目建成正式进入试运营。

三、工程建设情况

兰州快速公交BRT 1号线原计划西起安宁区仁寿山广场，东至兰州西站，全长12.3公里，设置22个中央岛式专用站台，平均站距680米，设计平均时速20公里。BRT1号线一期工程全面建成后，该线由安宁区刘家堡广场至兰州西站，全长9.1公里，设置15个站点、22个中央岛式专用站台，长度30米、40米不等，最大的为西站站台，长度大约60米，可容纳数百人候车，同一站台可双向乘车，占用的道路资源比侧式站台节约五分之二。

兰州城市交通项目快速公交系统建设内容包括新建530号、516号道路；改建514号、514-1号、514-2号、敦煌路；新建刘家堡、世纪大道、桃海市场、费家营、区政府、政法学院、师大7座地下通道；改建兰州交大地下通道；新建十里店、桥北、西站3座人行天桥；新建19座中央岛式站台以及智能管理系统。

BRT一期项目建设中，刘家堡广场站至西北师大站为八座独立岛式站台（即刘家堡广场站、世纪大道站、桃海市场站、费家营站、安宁区政府站、兰州交通大学站、政法学院站、西北师大站)，均设有地下过街通道。培黎广场站为并列对开式站台。十里店站至兰州西站为错位式站台，6对12个（即十里店站、幸福巷站、七里河黄河桥北站、七里河黄河桥南站、兰州四中站、兰州西站)。全线共设置过街天桥三座（即十里店站、七里河黄河桥北南侧站、兰州西站南侧站)。设置地下过街通道八处（即刘家堡广场站西头至西北师大站)。设置斑马线平面过街七处（即刘家堡广场站东头、培黎广场站、幸福巷站、七里河黄河桥北北侧站、七里河黄河桥南站、兰州四中站、兰州西站北侧站)。设置普通公交可以进入BRT站台的共有七处（即兰州西站、兰州四中站、七里河黄河桥南站、七里河黄河桥北站、幸福巷站、十里店站、培黎广场站)。

四、BRT快速公交运行情况

2012年12月26日，兰州市首条快速公交线路由刘家堡广场站开往兰州西站，开始了试运营，线路全长9.1公里，先期投入12米专用车辆50台。开通当天，兰州市民约4万人次体验乘坐快速公交，12月28日乘客达到8.8万人次，开通前5天，平均每天客运量约9万人次。2012年12月28日—2013年1月23日的27天时间里，完成了278.61万人次客运量，平均每天客运量10.3万人次。

随着客运量剧增，兰州公交集团于2013年2月8日购置了20台18米BRT专用车辆投入线路运营，先后完成了以快速公交为主干、6条普通公交为支线的“一主六支”运营网络体系，实现了“一主六支”同站免费换乘运营格局。乘客通过一次投币、刷卡，就可以实现横跨兰州安宁区、七里河区、城关区，最长跨度覆盖范围由安宁区刘家堡广场到五泉山风景区、兰州火车站等不同区域，出行距离最长可达近20公里。BRT1号线路自开通以来，日运营公里1.3万公里，日均客运量达到12万人次，日最高人次达到17.3万人次，同站台免费换乘日均达到5.5万人次，免费换乘人次达到1650万人次，车辆满载率90.2%。兰州快速公交无疑是一个成功范例。

作为兰州市重点项目的安宁快速公交设置15个站点、22个中央岛式专用站台，分别采用平面过街斑马线、过街天桥、地下通道三种进站模式，自开通试运行以来，达到了“减车增收”和两个效益同步提升的目的，单程运行时间由原来40分钟缩减到30分钟，较好地节省了乘客候车和出行时间。特别是BRT专用车道、高档次公交车和地铁式候车站的使用，极大提升了客流输送能力，改变了市民出行方式。兰州快速公交车辆，如图19-1所示。

图 19-1　兰州快速公交车辆

五、BRT 快速公交优势

快速公交投入运行后，大规模提升了兰州市安宁区主干道和七里河区交通运载能力，使兰州市“畅交通”工程实现了突破性进展，有效地提高了城市交通管理水平，对减少道路拥堵，保证群众出行有着积极的意义，对兰州市现代化交通的发展具有示范带动作用。其优势主要体现在以下几方面：一是 BRT 公交车的大运量减少了公交车配置数量，70 台 BRT 大容量公交车较好地替代了原线路 200 台普通公交车。二是减轻了城市道路资源交通压力，BRT 线路 70 台车辆平均每天运行约 665 圈次，而原 3 路、103 路、310 路 200 台普通公交车每天运行约 1785 圈次，快速公交的日营运圈次仅为原日运营总圈次的三分之一。三是节约了乘客出行时间，BRT 实行专用车道运行，由原来的单程 35 分钟缩短为 27 分钟，运行速度由原来的 15.6 公里 / 小时，提高到 20.2 公里 / 小时。四是规范了乘车秩序。快速公交站台采取了方便快捷的投币、刷卡专用通道，实行了导乘服务，改变了传统服务模式，实行了先下后上乘车规定，乘客文明乘车意识明显增强。五是人性化站台设置和高配置专用车辆使乘客乘坐更加方便舒适。六是 BRT 车辆低碳环保，为纯天然气欧Ⅵ排放标准，提高了城市空气质量。七是提升了安宁文化区域发展速度，从而提升了安宁区的城市文化品位。

兰州快速公交以为市民提供优质便捷出行服务为目的，制定了“快、准、捷、廉”的运营服务方针。“快”就是快捷，主要依靠设立专用车道、信号优先系统等来实现，停靠站时间比普通公交要短。“准”就是准时，通过 GPS 调度系统，使 BRT 车辆运营准时。“捷”就是方便快捷，在线路的设置上，逐步完善、延伸，在班次的安排上，比普通公交密度大；同时，通过加密普通公交，实行六条线路免费换乘，方便市民换乘。“廉”是廉价，实行低票价，吸引广大市民选择快速公交出行。

2012年5月，国家发展和改革委员会批准兰州快速公交项目作为清洁发展机制项目。

在亚行贷款兰州城市交通项目办（亚行办）、兰州公交集团、亚行未来碳基金三方的共同努力下，项目于2012年5月顺利通过国家发改委气候司的批准，报联合国气候框架条约秘书处（UNFCCC）批准，兰州公交已于2012年2月与亚行未来碳基金正式签署碳减排购买协议，亚行未来碳基金将购买未来7年的碳减排量，预计年减排量为12343吨二氧化碳当量。兰州快速公交与自行车接驳，如图19-2所示。

图 19-2　兰州快速公交与自行车接驳

六、兰州市快速公交发展规划

根据兰州市公交都市创建工作实施方案（2014—2018 年），兰州市快速公交规划情况见表 19-1。

兰州市快速公交规划建设表　　表 19-1

线路名称	线路长度（公里）	投资金额（亿元）	实施年限
城关—东岗—和平—定远（B3）	24	4.80	2015 年
彭家坪—城关（B4）	14	2.80	2016 年
九州—盐场—城关（B2）	7	1.40	2017 年
兰州西站—西固城—河口南（B5）	32	6.40	2017 年
兰州西站—安宁—秦王川（B1）	49	10.05	2018 年
合计		25.45	

第二十章

银川快速公交系统发展实践

一、城市背景

银川市位于黄河上游宁夏平原中部，西倚贺兰山、东临黄河，是宁夏回族自治区的首府，是全区政治、经济、文化科研、交通和金融商业中心，是中国—阿拉伯国家博览会的永久举办地，是以发展轻纺工业为主，机械、化工、建材工业协调发展的综合性工业城市。

银川市内自东向西分兴庆、金凤、西夏三区，兴庆区为全市的商贸中心、信息中心、金融中心，金凤区是银川的行政中心、高科技产业聚集区，西夏区是银川的工业区、物流园区、教育区和旅游区。银川市总面积 9555.38 平方公里，2013 年，建成区面积为 165 平方公里，总人口全市常住 204.63 万人，其中市区人口 133.53 万人，城市化率达到 73.2%。

截至 2014 年底，银川公交职工人数 5216 人；有营运车辆 1616 辆，折合 1906.9 标台；营运线路 92 条，线路总长度 1754.58 公里。线网基本实现了城市建成区全覆盖，并连通周边主要乡镇及永、贺两县，日均客运量约 80 万人次；年运行总里程 8974 万公里；行车事故间隔里程达到 176.14 万公里。公共交通机动化出行分担率达到 59.8%。公共交通正点率达到 86%，行车正点率达到 94.79%，车厢服务合格率 99.85%，车厢整洁合格率 98.81%，乘客满意度得分 80.34 分。

二、发展变迁

2012 年 9 月 10 日快速公交一号线正式开通运营，该线路贯穿银川市兴庆区、金凤区、西夏区，线路全程铺设公交专用道，全长 21.2 公里。运营车辆 80 台，设置 22 对站台，全天运行 256 个班次，日均客流量 9 万人次，最高达到 12 万人次，平均运送速度为 25.5 公里 / 小时。

（一）快速公交的“快捷、方便、舒适”

银川市快速公交一号线建设之初，充分考虑到市民购物、就医、上班等出行需求，线路途经市医院、商城、正源街、南薰街等路段，极大地方便了市民的通行，如图 20-1

所示。

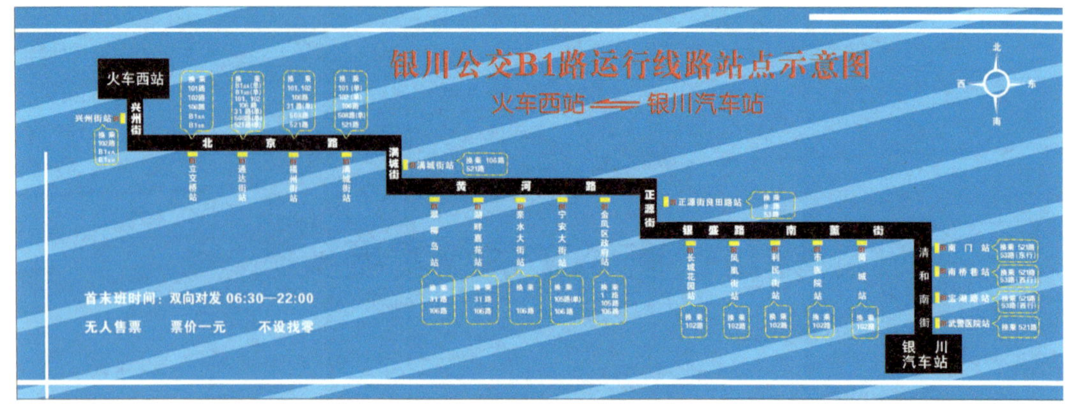

图 20-1　银川快速公交一号线线路图

快速公交一号线全线配置车辆 80 台（12 米和 18 米），车辆选用低踏板、大容量客车，具备暖风、空调、换气等设施，冬暖夏凉、车体宽度及车顶高度都优于普通公交车。低踏板的设计让车辆的踏板与站台平齐，无障碍通道更方便乘客上下车。

自 2012 年开线至今，快速公交以“低碳环保、快捷舒适”得到了广大市民的认可与欢迎。线路发车密度紧，高峰时段发车间隔 2 分钟。独享的快速公交专用道，让快速公交一号线的时速从普通公交的每小时 15 公里，提高到每小时 25 公里，明显缩短了乘客出行时间。

每个站台配备站务员与文明疏导员，引导乘客文明、有序乘车，疏导站内乘客在各个泊位换乘其他支线车辆。

线路开通的两年时间里，银川市快速公交通过摸索，创出了人性化服务、微笑服务、温馨服务、爱心互助等服务特色。

（二）便民惠民政策，实现大公交发展

随着银川市经济的不断发展、城市面积的不断扩大。市民从一个目的地到达另一个目的地，想要一站式到达变得越来越不现实。通过一次或多次换乘到达目的地，将逐渐成为市民出行的常态。

银川快速公交从开线之初的“一主八支”结构、同台同向免费换乘的运营模式。发展到“一主九支”结构，辐射公交 1 路、101 路、102 路、521 路等 9 条常规公交线路。同时，快速公交站点均设在常规公交站附近，形成无缝接驳，方便市民进行换乘。

2013 年以来，银川市结合“公交都市”，以“多线并行，覆盖城乡，换乘便捷”的原则优化调整公交线网，形成以“快速公交为主干，普通公交为主体”的“两横两纵”的公交大框架线网结构，推广换乘理念，达到“结构清晰、功能合理、换乘便捷、覆盖全面”的公交线网布局。同时，形成以发展快速公交为骨干，普通公交为主体，慢行系统为延伸的多模式、一体化城市客运系统。

2014—2015 年快速公交公司先后开通了公交 15、101、102 路高峰支线车、定制公交 1 号线。同时为方便银川火车站南北广场旅客的出行，开通了公交 508 路环线。有效填补

城市部分区域的公交空白，扩大了快速公交服务空间和覆盖面积，逐步构筑大载体大容量公交快速网。

三、取得的成果

一是成效显著。快速公交一号线自开线以来，客流量始终呈上升趋势，日客流量从6万多人次上升到了目前近10万人次，8条支线公交日客流量达到12万人次，享受免费乘车的人群达到1.6万人次。截至2014年5月，实现运营收入3965.87万元（2012年9~12月652.49万元，2013年2381.22万元，2014年1~5月932.16万元）、总行驶里程732.82万公里（2012年9~12月136.04万公里，2013年436.59万公里，2014年1~5月160.19万公里）、客运量5235.18万人次（2012年9~12月788万人次，2013年3158.87万人次，2014年1~5月1288.31万人次）。银川市公共交通分担率也由建设之初的20%提高到了30%，快速公交实行免费换乘惠及了30%的乘客，银川市快速公交一号线已经成为真正意义上的交通大动脉，民生大通道。

银川快速公交站台工作人员耐心解答乘客问题，如图20-2所示。

图20-2 银川快速公交站台工作人员耐心解答乘客问题

二是公交吸引力不断增强，缓解了城市交通压力。BRT以其大运量、高效率、快速、准点的服务特点赢得了越来越多的老百姓的喜爱，吸引着越来越多的市民选择BRT出行，摩托车、小汽车、电动自行车等出行方式不断向BRT转移。人们的出行习惯和理念逐步改变，对破解交通拥堵难题起到了很好的示范作用，为促进可持续发展指明了方向。

三是有效提高公交运行速度，运营效能得以充分体现。与市区常规公交平均运行速度相比较，BRT系统平峰期能够提高25%，高峰期能够提高50%以上，极大程度地节约了乘客的出行时间。同时由于专用道路的路权保障，BRT系统运营准点率大幅提高，乘客运送量是常规公交的2倍多，起到了骨干运输作用和客流运力走廊效应。

四是提高了公交服务水平，乘客满意度进一步提高。BRT系统以其高效、便捷、舒适、快速、准点、经济的服务特性，得到了乘客的充分肯定。

五是多项系统提升服务功能。智能调度指挥中心系统作为公交指挥调度的核心，负责公交车辆的集中调度。DIP 大屏、IP 广播系统、GPS 定位跟踪、视频监控系统、周界防护系统等高科技手段的应用，极大地提升了快速公交的现代化服务水平。同时，站台上配置了 LED 滚动屏、wifi、二维码等，方便乘客及时了解时间、本站位置、换乘路线、车辆进站信息、下一辆车距离本站位置、站点周边乘车信息等。

六是绿色环保，用站台打造公益文化长廊。在 44 个站台分别以“塞上银川旧有名、信义孝悌通贤达、科学发展谱新篇、文化铸就城市魂”为主题，安装公益性广告牌 420 块，营造公益宣传氛围，使其成为先进完善的公共交通设施和公益文化长廊。

七是节能减排。运营车辆是使用 CNG 作为燃料。80 辆大容量、低踏板豪华公交车全部采用清洁燃料，减少尾气排放。所有站台，通过光伏发电，保证站台外部亮化、内部照明，以及设备设施的持续供电。

四、快速公交的未来之路

随着银川城市总人口的逐年增加，总出行人次数也将不断攀升。尽管现有公交线路以及规划中的公交线路已经连接了银川中心城区和重点发展片区，并覆盖了几乎所有的道路，面对未来高密度的社会出行需求，减少常规发车间隔等传统做法已无法满足其需求，建设快速公交已经成为银川城市发展的必然趋势。

银川市还将规划从望远工业园区—贺兰县客运站的快速公交 2 号线、从阅海商务区—石油城的快速公交 3 号线、从西夏广场—银川火车站的快速公交 4 号线。新规划的 3 条快速公交线路，将采用左右两侧都有车门的车型，破解了单向公交站台的制约。这样，路中单个站台及路边双向站台就可配合使用，有效节省道路资源。

以“快速公交为主干，普通公交为主体”的“两横两纵”的公交大框架线网结构形成后，将使银川市的公共交通出行分担率从 20% 提高 30% 以上，有效缓解城市交通拥堵问题。

第二十一章

乌鲁木齐快速公交系统发展实践

乌鲁木齐快速公交属国有独资企业，由乌鲁木齐市城市交通投资有限公司投资建设，为独立核算单位。

一、乌鲁木齐快速公交工程实施背景

2011年初，一场几十年不遇的严寒天气加上公交驾驶员待遇偏低问题，使乌鲁木齐公共交通几乎瘫痪。公交是关乎民生的大事，大力发展、优先发展公共交通是解决城市拥堵的根本出路，这个现象引起了乌鲁木齐市委领导的高度重视，并多次召开紧急会议讨论研究。经过多方论证调研，最终将投资少、见效快的快速公交系统建设项目提上了议事日程。从研讨、规划、设计、建设，投入试运营，建设者们始终遵循科学化、人性化的理念，尽量保留树木、保持原有社会车道通行能力，在有条件的地方还进行了拓宽改造，增加车道数量，优化交叉路口。

乌鲁木齐于2011年4月下旬起陆续动工建设BRT1号线和3号线，通过4个月的建设，同年8月28日2条BRT线路投入试运行。同年11月26日，BRT2号（一期）开通试运行，次年8月20日BRT2号线全线贯通。BRT5号线、BRT7号线分别于2012年12月6日、2014年10月31日开通运营；BRT4、6号线于2015年12月19日开通试运营。2016年底已经建成快速公交7条运营线路。

BRT以投资小、建设周期短、运量大、灵活和环保等特点成为城市交通运力的主力军。无论是在载客量、运送速度及缓解交通压力等方面都取得了较好的成绩，特别是2012年的田字形道路建设、煤改气工程的开展，2014—2015年乌鲁木齐地铁一号线建设施工期间，更是突显BRT在运力上的优势。

二、快速公交运营现状

现有BRT1、2、3、4、5、6、7七条线路，拥有175座站台，在册车数610辆，救援车辆2辆。7条BRT线路总线长101.69公里、专用道66.29公里、混合道35.4公里。自2011年开通至2015年12月末总行驶里程8659.37万公里，日均7.9万公里；累计运送乘客5.99亿人次，日均运送39万人次，如图21-1所示。

图 21-1　乌鲁木齐快速公交车辆

2013 年，“六一”儿童节当日客流达到 68.87 万人次，BRT 的运输能力接近轻轨。

乌鲁木齐 BRT 全天实行一元票价制（无延点票价），对于持全盲残疾证、残疾军人证、因公致残人民警察、义务兵及敬老卡的人群予以免票，同时还可以使用学生月票、电子钱包卡及现金投票，普通市民投入一元钱进入站台后，即可不出站享受同台单（双）向免费换乘，大大降低了市民的出行成本。BRT1、2、3、4、5、6、7 号线，7 条线路已基本形成一个相互衔接的网络，例如市民乘坐 B1、B2 线在八楼、友好、明园、西虹路、红山站台可实现同站台双向免费换乘。BRT4 号线与 BRT1 号线在轴承厂站台可实现同站台双向免费换乘，乘坐 B1 线、B2 线、B4 线、B71 线在红山可实现双向免费换乘；乘坐 B2 线、B3 线在医学院、师范大学站可实现同站台单向免费换乘；乘坐 B3 线、B3 线区间在王家梁、劳动街、南湖小区、电信公司、移动公司、宏大广场、北门药材公司、北门可实现同站台单向免费换乘；乘坐 B3 线、B7 线在劳动街、南湖小区、电信公司、移动公司站台可实现同站台单向免费换乘。

自 2011 年 8 月 28 日开通运营至 2015 年 12 月末，乌鲁木齐公交累计共收到各类信访表扬 5061 件，其中市级以上媒体表扬 46 件，锦旗 333 面。

2012 年 9 月 3 日，时任交通运输部党组书记、部长杨传堂来乌鲁木齐市视察，对乌鲁木齐市 BRT 大容量快速公交系统给予高度评价和肯定。

2012 年“BRT 大容量快速公交系统建设项目”获得住房和城乡建设部评选的中国人居环境范例奖殊荣。

2014 年乌鲁木齐公交成功取得国家质量管理体系证书；同年 7 月，通过国家安全生产标准化一级达标考核。

2014 年获得乌鲁木齐市级文明单位光荣称号。

2015 年 11 月荣获中国城市公共交通学会快速公交专业委员会推动中国快速公交发展先进集体荣誉称号。

通过四年多时间的运营，BRT 的车型由最初的柴油车，逐步增加清洁能源的天然气车，

2015 年底有 29 辆新能源车型在 BRT7 号线参与运营，充分体现节能环保、绿色低碳出行的理念。

根据《乌鲁木齐市 BRT 公众满意度调查报告》,BRT 的公众满意率从 74.1%，逐步升至 95.9%。BRT 无论是从载客量、运送速度、出行分担率等方面都取得了较好的成绩。乌鲁木齐快速公交所获荣誉，如图 21–2 所示。

图 21–2 乌鲁木齐快速公交所获荣誉

三、快速公交工程内涵及主要做法

快速公交工程作为市委市政府民生工程，通过近 4 年多时间的运营，现有的 7 条线路已形成了一个相互衔接的网络，逐步改变过去传统单一的交通运营模式，主要做法包括：

（一）科学调整运营组织，灵活多样特色调度

乌鲁木齐公交根据 7 条线路客流出行不同特点，分为双向客流、单向客流、潮汐客流。采取科学化、规范化、智能化的运营组织，通过点面结合、灵活多变的特色调度，做到高峰有密度、平峰有间距、低峰有保障，为市民出行提供方便。

（二）大胆创新运营组织模式

由于快速公交的基础运营模式在乌鲁木齐尚属首次，与常规公交还有所不同，由于它的便捷、经济、新颖、高效使客流快速增加，针对这一现象乌鲁木齐公交大胆采用轨道运营原理模式，结合快速公交站台优势资源，尝试 3 辆车同时进入 BRT 站台联组发车模式、空车切入法、应急车、便民服务车等多种方法，提高了车辆运行速度。此外，依托银川路枢纽站点，实行跨线支援的调度运营模式，既解决了因各种原因造成站台滞留乘客的疏散问题，又提高了车辆的利用率。通过高科技的智能化调度系统，3G 视频、电子地图配置、GPS 远程监控等手段，大胆创新跨线运营模式，缓解站台因乘客滞留造成的安全隐患。

（三）促进城市交通的推进作用

交通专家、北京市政府副秘书长周正宇指出：乌鲁木齐 BRT 的特点是规划的标准高。1 号线是全国原汁原味的 BRT，它的专用道完全在中间，BRT 所有的理念在这条线上得到了体现，平行换乘、站台售票。同时，由于乌鲁木齐冬天的气候，为给市民候车提供一个温馨的环境，在站台上还有创新，做了暖房、设有卫生间。他还指出，城市交通的根本出路就是公交优先的发展战略。其中，有两个重要的运输方式，一个是以地铁为代表的轨道交通，再一个就是以 BRT 为代表的地面公交运输方式。BRT 的运量接近轻轨，接近地铁的一半，而投资却只是地铁的十分之一或者二十分之一，非常节省。乌鲁木齐

BRT 项目，作为全国的样板工程，为今后推进 BRT 建设打下坚实的基础。大容量快速公交系统会成为人们生活中不可缺少的伙伴和益友。

2012 年 9 月 3 日，交通运输部党组书记、时任部长杨传堂亲临 BRT1 号站台视察，对乌鲁木齐公交优先的理念得到充分体现、公交智能化建设的到位、公交环境得到明显优化等给予高度评价，也为乌鲁木齐为促进公共交通事业又好又快发展提出希望。

（四）提升技术服务内涵，加强基础维修能力

（1）技术保障遵循“以维促修、以维保修”的理念，加强趟检，日检，周检及一、二级维护的技术规范，确保了车辆技术性能完好有效，保障了安全营运生产。

（2）转变维修理念加强维护力度，全面提升维护水平，把“以维促修、以维保修”的理念贯穿车辆保障工作的始终，规范维护流程，减少车辆小修故障率，健全地勤式维护，保障车辆无小修。

（3）以提升维修技能水平作为保障车辆良好性能的基石，加快筹建懂技术、技能强、素质高的维修队伍。

（五）群策群力，提高场站综合服务水平

（1）提高场站管理水平，各项工作做得扎实有效。场站管理部门实行早晚碰头会制度，培养早干、快干、多干、实干的工作理念，提升整体站台的综合服务水平，并根据工作内容制定完善了《站务员岗位职责》、《设备巡检员职责及考核办法》等多项规章制度。

（2）内强素质、外塑形象，争创文明示范岗。乌鲁木齐结合站台自身情况，制定内容贴近站台实际工作的培训大纲，绘制图文并茂的 PPT 课件，加强应急抢救知识、正确疏散乘客以及快速恢复 BRT 车辆运营等站台突发事件能力的培训。同时，美化站台环境、开展创建文明示范岗活动。2015 年共评选出 12 个文明示范岗站台；以“一扶、二问、三落座”为创新服务内容（即老人上、下车扶一把，上、下车要问候，给老人落实好座位后再启动车辆），积极开展“敬老文明号”创建活动。

（3）大力提倡“关爱生命、安全出行”理念。坚持以服务为核心、安全为重点，从细节入手创新服务，开展对乘客再耐心一些，服务更周到一些，注意说话方式和语气的贴心服务，针对“老、幼、病、残、孕”特殊人群，提供主动热情的帮助，冬季在站台内放置暖宝及应急防滑沙和防滑草垫，以保障乘客舒心乘车和上、下车安全，使服务工作更趋人性化。

（六）加强企业文化、精神文明建设，发挥党、工、团组织为一线服务职能

（1）加强 BRT 对外宣传力度。通过贯穿开展的“双创”活动加强宣传力度，自 2011 年开通以来共在自治区级、市级各大媒体上发表文章 200 余篇。开展了“百日安全”、“安全生产知识及演讲比赛”等形式多样的竞赛活动，在活动中还涌现出了大批好人好事：在站台救助老人的 B3 线站务员张蓉、蒋永涛，在危难中奋不顾身救火的 B1 线站务员李戈、

刘晓彤，有上“天山网论坛”拾金不昧的好巴郎买买提·亚克甫。

（2）积极响应“慈善捐助”活动，共为市慈善事业捐款4.9万余元，将扶贫助困工作落到实处。

（3）为提高安全生产和服务质量，通过争创“工人先锋号”、“巾帼建功示范岗”、“民族团结之家”称号，树立文明“窗口”企业，调动起广大员工从思想道德、文化素养、业务素质等多方面的积极性，促进了BRT整体工作的飞跃提升。

（七）多举措、保安全、促服务

（1）市委市政府为BRT投入了大量的安防资金，快速公交通过在93个站台逐站配置手持安检仪并安装高清摄像机及红外触控报警装置，在各个BRT站台安装安检门，并在客流较大的站台安装X光行包检测仪。此外，站台上还配有保安公司的专业安保人员协助站务人员进行安检，严格遵守上级部门的规定，严禁不明液体进入站台，提升站台安检人防、技防能力，为广大市民出行提供安全保障。

（2）乌鲁木齐公交成立应急中队，在重要节假日节点，分早、中、晚三班对各线路车场、车辆、站台（安检门、安检仪、安保人员职责落实情况）进行督促检查。此外，还在各BRT停车场安排机关及车队管理干部值夜班，做好夜间护场安保工作，同时安排机关管理人员分早、晚班上线路进行安全防暴巡检。

（3）为提高站务人员处理突发事件的能力，乌鲁木齐公交组织站务人员认真学习《站台应急处突处置预案》、《站务人员安全生产学习考核试题》和军训实操训练的相关内容，全体站务人员签订《快速公交站务人员安全、服务学习（应知应会）承诺书》。掌握人员疏散、灭火、自救互救等应急处置突发事件的技能。

（八）提升站台服务创新便民措施

（1）为了更好地服务市民，乌鲁木齐公交在B1线八楼、铁路局、二宫、B3线儿童公园、电信公司等上行客流量大的站点设置了便民防暑降温免费饮水点，乘客可以在高温天气乘车时免费饮用水和菊花茶，为乘客提供便利。

（2）在站台配备了装有常用药品的“便民小药箱”，并及时予以补充更换，安排专业人员对站务人员日常急救常识进行培训，在实际工作中起到作用。

（3）在站台内设置有爱心暖房，冬季在暖房座椅上配置爱心坐垫，文明示范岗站台还在暖房内配置花篮、便民袋，在每个站台备有2~4个暖宝，在9个站点设置了线路导乘触摸屏，有十余个客流较大的站台暖房内配有液晶电视，在长江路、八楼、红山、二工、铁路局、南门、劳动街、银川路站台设立了IC卡充值点，极大地方便了市民就近充值。

（4）站务人员充分发挥自己的聪明才智，利用下班业余时间手工DIY制作了简单易懂的“简介卡片”和线路导乘图。在站内的角落里种植绿色植物，在站口悬挂中国结、红灯笼、制作简易的烟灰缸。同时对站台墙体进行美化装饰，设立乘客意见本、温馨提示牌等便民服务措施，全面提升服务水平，把公交人的贴心服务做得更用心、更实际。

附件一

中国快速公交所获荣誉一览表

城市	荣 誉 名 称	表 彰 机 构	表彰时间
北京	北京市五四红旗团支部	共青团北京市委员会	2006
	北京市工人先锋号（BRT1 前门站）	北京市总工会	2007
	北京市青年文明号集体（BRT2、BRT3）	共青团北京市委员会	2009
	全国交通建设系统工人先锋号（BRT1 三营门站）	中华全国总工会	2010
	文明乘车快乐让座示范线路（BRT1、BRT2）	北京市交通委员会	2014
	2013-2014 年度北京市交通工作先进集体（BRT2）	北京市交通委员会	2014
	2014 年度公交三八红旗集体 (BRT3、BRT2)	北京市妇联	2015
大连	青年文明号	共青团辽宁省委员会	2011
常州	第九届中国土木工程詹天佑奖	中国土木工程学会	2010.3
	“百年百项杰出土木工程”	中国土木工程学会	2011.11
	推动中国快速公交发展先进集体	中国城市公共交通协会快速公交专业委员会	2015.11
	第四批节能减排示范项目	交通运输部	2011.6
	2008 年度全国优秀工程咨询成果二等奖	中国工程咨询协会	2009.1
	“中国建研院 CABR 杯”华夏建设科学技术奖励	华夏建设科学技术奖励委员会	2010.12
	2013 年全国交通运输节能减排推进项目	中国交通企业管理协会、国联资源网	2013.6
	全省交通运运输信息化建设优秀项目	江苏省交通运输厅	2012.4
	2012 年度常州市科学技术进步奖一等奖	常州市政府	2012.12
盐城	B1 线“江苏省城市公交行业十佳文明公交线路”	江苏省交通运输厅	2013
	B1 线“刘飞温馨服务示范线”荣获江苏省交通运输系统第五届优质服务品牌		2014
	B1 线“刘飞温馨服务示范线”荣获全省第四批优质服务品牌	江苏省文明委办	2014
	B1 线“刘飞温馨服务示范线”荣获全国交通运输行业文明示范窗口	交通运输部	2015
	B2 线江苏省青年文明号	共青团江苏省委员会	2015

续上表

城市	荣誉名称	表彰机构	表彰时间
杭州市	“快速公交（BRT）应用技术研究”荣获2010年“中国建研院CABR杯”华夏建设科学技术奖励	华夏建设科学技术奖励委员会	2010
	杭州市“人民满意基层站所（服务窗口）”——快速公交1号线	杭州市人民政府纠正行业不正之风办公室	—
	省级“巾帼文明岗”——B1线	浙江省妇女联合会	—
绍兴	工人先锋号	绍兴市总工会	2015.1
金华	省道路运输“最美服务品牌”	浙江省道路运输管理局	2016.1
	浙江省交通运输系统“最美示范窗口”	浙江省交通运输厅	2016.4
舟山	浙江省工人先锋号	浙江省总工会	2015.4.24
	全国公路交通系统“模范班组”	中国海员建设工会全国委员会	2015.12.14
	浙江省道路运输行业最美服务品牌	浙江省道路运输管理局	2015.12
合肥	通报表扬（快1线）	交通运输部	2012.1
	全国工人先锋号	中华全国总工会	2013.5
	推动中国快速公交发展先进城市	中国土木工程学会城市公共交通学会	2015.11
	推动中国快速公交发展先进集体	中国土木工程学会城市公共交通学会	2015.11
厦门	福建省妇女联合会、福建省“巾帼建功”活动领导小组省巾帼文明标兵岗——调度监控中心	福建省妇女联合会福建省“巾帼建功”活动领导小组	2011.2
	2009—2011年度安全行车无伤亡事故先进单位	福建省交通运输厅	2012.3
	全国城市公共交通十佳优质服务线路	交通运输部	2012.1
	福建省交通运输厅2011-2013年度安全行车无亡人事故先进单位		2014.4
	福建省五四红旗团（总）支部	共青团福建省委员会	2014.5
枣庄	全国工人先锋号	中华全国总工会	2016
	中国道路运输领袖品牌	中国道路运输协会	2014
	全国敬老文明号	全国老龄委	2013
	公共交通城镇一体化发展奖	中国土木工程学会城市公共交通学会	2014
	省级工人先锋号	山东省总工会	2015

续上表

城市	荣誉名称	表彰机构	表彰时间
郑州	河南省工人先锋号	河南省总工会	2010
	河南省节能减排先进单位	河南省总工会	2011
	全国工人先锋号	中华人民共和国总工会	2011
	郑州市人民政府绿色公交线路	郑州市人民政府	2012
	团省委 2013-2017 青年文明号	共青团河南省委员会	2013
	市绿色公交线路	郑州市人民政府	2013
	国家交通运输部交通运输企业安全生产标准化达标企业	交通运输部	2013
宜昌	2016 可持续交通奖 2016 Sustainable Transport Award	十个国际机构	2016.1
	2014 年度最佳表现贷款奖	亚洲发展银行	2015.12
柳州	推动中国快速公交发展先进集体	中国土木工程学会城市公共交通学会	2015.11
银川	巾帼文明岗	宁夏回族自治区妇女联合会	2016.3
	推动中国快速公交发展先进集体	中国城市公共交通学会快速公交专业委员会	2015.11

附件二

学会快速公交（BRT）专业委员会组织机构及成员名单

专业委员会任职	本单位职位	姓名
主任	常州市公共交通集团公司董事长	蔡健臣
副主任	广州南沙开发区管委会副主任	陆　原
	枣庄市城市公共交通总公司总经理	黄玉强
	乌鲁木齐市公共交通集团有限公司副总经理	杨红军
	柳州恒达巴士股份有限公司总经理	狄俊煜
	北京公共交通控股（集团）有限公司线网中心主任	曹　炎
	济南市公共交通总公司快速公交经理	马鲁平
秘书长	常州市公共交通集团公司副总经理	孙鲁明
成员	中国土木工程学会城市公共交通学会顾问	王秀宝
	中国土木工程学会城市公共交通学会副秘书长	袁建光
	济南市公共交通总公司总经理	薛兴海
	杭州市公共交通集团有限公司副总经理	王循跃
	金华市公交集团有限公司董事长	楼益康
	盐城市公共交通总公司总经理	王文法
	银川市公共交通有限公司快速公交经理	郝俊忠
	宜昌公交集团有限责任公司总经理	丁　涛
	许昌东方公交（集团）有限公司总经理	张存芳
	乌鲁木齐市城市快速公交运营有限责任公司副总经理	张峻岭
	扬州市公共交通总公司总经理	兰　松
	深圳巴士集团股份有限公司副总经理	黄志强
	洛阳市公共交通集团有限公司总顾问	郝辉
	贵阳市公共交通（集团）有限公司副总经理	唐齐斌
	清华大学土木水利学院交通所副所长	杨新苗
	清华大学土木水利学院交通所教授	郭一麟

续上表

专业委员会任职	本单位职位	姓名
成员	巴士快速交通研究中心主任	王　健
	重庆市公共交通控股（集团）有限公司高工	王小磊
	上海市城乡建设和交通发展研究院所长	陆锡明
	石家庄市公共交通总公司总经理助理	冯进彬
	厦门公交集团有限公司快速公交副总经理	吴印源
	上海金山巴士公共交通有限公司副总经理	余士平
	大连捷通快速公交客运有限公司总经理	于　清
	湖北省邯郸市公共交通总公司副总经理	赵国华
	宿迁市城市公共交通有限公司总经理	汪卫东
	营口市交通局运输管理处副处长	计洪飞
	营口公交集团副总经理	金乃宏
	重庆城市交通开发投资（集团）有限公司副总经理	程　龙
	乌鲁木齐市城市综合交通项目研究中心科员	于良辉
	广州南沙开发区建设科学技术委员会办公室主任	郭　晟
	武汉市江城捷运快速公交经营管理有限公司部长	苏嘉鹏
	郑州市公共交通总公司快速公交副经理	朱龙刚
	中山市公共交通运输集团有限公司董事长	阮少华
	北京市市政工程设计研究总院有限公司	刘璇亦
	世界银行公共交通主管	宗　延
	世界银行智能公交顾问	张景平
	北京市政院教授	杜　力
	上海电科智能系统股份有限公司市场总监	陈　静
	厦门公交集团有限公司董事长、党委书记	韩鲁闽
	连云港海通公交连云港海通公共交通有限公司总经理	刘佃华
	宜昌公交集团有限责任公司副总经理	柴俊清
	唐山市公共交通总公司总经理	赵俊良

附件三

中国快速公交信息统计表

城市	线路番号	开通时间	线路长度（公里）	准点时间（分钟）	专用道长度（双向长度，公里）	中间站数量（个）	平均站距（米）	中间站类型	车辆数（辆）	年运营里程（万公里）	年客运量（万人次）	总投资（亿元）
北京	快 1	2004.12.25	16.35	42	—	17	1020	中央岛式、中央侧式	81	1567	6107	10.8（计划投资）
	快 2	2008.7.31	16	46	—	22	920	中央侧式、路边侧式	90			
	快 3	2008.7.31	22.95	60	—	22	1090	中央侧式、路边侧式	88			
	快 4	2012.12.30	25.55	60	—	20	1420	中央侧式、路边侧式	66			
	快 4 支	2012.12.30	20.83	48	—	16	1390	中央侧式、路边侧式	34			
大连	快速公交	2008.1.18	14	35	22	29	1000	中央侧式	64	324	2415	3.26
常州	B1	2008.1.1	29.5	79	59	58	952	中央侧式	84	2208.62	10915.53	16.6
	B16	2011.6.28	24.5	66	49	48	980	中央侧式				
	B19	2011.6.28	23.9	64	47.8	49	919	中央侧式				
	B10	2011.11.18	13.4	42	3.8	46	558	中央侧式	18			
	B11	2008.5.8	18.7	55	13.6	54	668	中央侧式	52			
	B12	2008.1.5	13.8	42	12.4	46	552	中央侧式	33			
	B13	2008.1.8	14.6	45	8.2	42	635	中央侧式	37			

续上表

城市	线路番号	开通时间	线路长度（公里）	准点时间（分钟）	专用道长度（双向长度，公里）	中间站数量（个）	平均站距（米）	中间站类型	车辆数（辆）	年运营里程（万公里）	年客运量（万人次）	总投资（亿元）
常州	B15	2013.12.30	31	79	8.8	68	886	中央侧式	17	2208.62	10915.53	16.6
	B2	2009.5.1	21.5	59	43	50	827	中央侧式	49			
	B22	2009.5.3	7.7	26	8.6	20	700	中央侧式	17			
	B23	2009.5.1	13.7	50	2.8	58	457	中央侧式	32			
	H1	2010.1.1	26.2	80	0	48	535	中央侧式	17			
	H2	2010.7.28	26.2	80	0	48	535	中央侧式	18			
	Y1	2010.5.3	9.6	34	7.2	34	533	中央侧式	9			
	Y2	2012.8.26	15.3	58	4.4	54	528	中央侧式	12			
连云港	B1	2012.10.1	34	78	68	31	1096	中央侧式	36	1580	2900	—
	B1K	2012.10.1	31	68	58	21	1476	中央侧式	34			
	B1Y	2012.10.1	34	78	68	31	1096	中央侧式	24			
	B1Z	2012.10.1	30	60	60	8	3750	中央侧式	10			
	B11	2012.10.1	16	40	3	25	640	中央侧式、路边侧式	10			
	B12	2012.10.1	47	95	40	50	940	中央侧式、路边侧式	28			
	B13	2012.10.1	16	40	16	19	840	中央侧式、路边侧式	10			
	B3	2014.5.1	18	45	15	15	1200	中央侧式、路边侧式	8			
	H1	2012.10.1	18	45	5	31	580	中央侧式、路边侧式	10			

续上表

城市	线路番号	开通时间	线路长度（公里）	准点时间（分钟）	专用道长度（双向长度，公里）	中间站数量（个）	平均站距（米）	中间站类型	车辆数（辆）	年运营里程（万公里）	年客运量（万人次）	总投资（亿元）
盐城	B1	2010.5.1	10.5	6	20	36	0.58	中央岛式、中央侧式	20	1165.6	2835.2	6.7
	B2	2011.2.20	15.0	9	24	44	0.68	中央岛式、中央侧式	16			
	B 支 1	2010.5.1	18.0	10	2.3	52	0.69	中央岛式、中央侧式	14			
	B 支 2	2010.5.1	25.0	6	9	88	0.57	中央岛式、中央侧式	24			
	B 支 3	2011.8.29	26.0	11	1.6	72	0.72	中央岛式、中央侧式	12			
	B 支 4	2011.9.23	19.0	11	1.7	58	0.66	中央岛式、中央侧式	12			
	B 支 5	2011.4.15	22.5	9	2.3	82	0.55	中央岛式、中央侧式	18			
	B 支 6	2014.4.30	20.0	8	5.2	52	0.77	中央岛式、中央侧式	18			
杭州	B1	—	34.70	—	—	—	—	路边侧式	50	1262.9	6102.8	—
	B2	—	23.90	—	—	—	—	路边侧式	43			
	B3	—	18.50	—	—	—	—	路边侧式	23			
	B4	—	33.50	—	—	—	—	路边侧式	20			
	B7	—	17.15	—	—	—	—	路边侧式	10			
绍兴	B1	2013.7.1	22	46	29	27	1466	路边侧式	30	202.78	406.83	1.11
	B5	2014.12.18	30.7	50	13.8	8	6100	路边侧式	6			
金华	B1	2015.2.12	15.5	35（单程）	31	32	800	路边侧式	38	200	730	1.46
舟山	一号线	2013.10.1	25	50~55	51.54	16	2700	路边侧式	30	216	465	0.7
合肥	快 1	2007.5.18	17.8	48	22.4	22	1480	中央侧式、路边侧式	35	515.9	2206.2	—
	快 4	2010.11.5	16.7	52	6.8	25	1110	中央岛式、路边侧式	36			
	快 5	2012.1.16	9.5	28	7.4	12	1050	中央岛式、路边侧式	17			

续上表

城市	线路番号	开通时间	线路长度（公里）	准点时间（分钟）	专用道长度（双向长度，公里）	中间站数量（个）	平均站距（米）	中间站类型	车辆数（辆）	年运营里程（万公里）	年客运量（万人次）	总投资（亿元）
厦门	快 1	2008.8	35.6	4~5	69.8	44	1618	中央岛式	94	2890.23	13452	30
	快 2	2008.8	45	4~6	90	62	1452	中央岛式	59			
	快 3	2008.8	11.4	3~4	22.7	24	950	中央岛式	34			
	快 5	2015.8	38.5	15~30	77	46	1750	中央岛式	9			
	L1	2008.8	7.5	7		13	536	路边侧式	11			
	L5	2008.8	10.9	9~10		17	606	路边侧式	11			
	L11	2008.8	6.2	10		12	477	路边侧式	7	2890.23	13452	30
	L15	2008.8	6.6	10		13	471	路边侧式	7			
	L16	2008.8	4.7	8~10		10	427	路边侧式	6			
	L17	2008.8	6.5	10		8	722	路边侧式	13			
	L18	2008.8	7.1	10		11	591	路边侧式	11			
	L19	2008.8	9.2	8~10		14	613	路边侧式	7			
	L21	2008.8	8.5	10		9	850	路边侧式	10			
	L22	2008.8	9.3	8		18	489	路边侧式	13			
	L27	2008.8	6.2	8		15	388	路边侧式	8			
	机场专线	2011.2	45	30		19	4500	路边侧式	7			

续上表

城市	线路番号	开通时间	线路长度（公里）	准点时间（分钟）	专用道长度（双向长度，公里）	中间站数量（个）	平均站距（米）	中间站类型	车辆数（辆）	年运营里程（万公里）	年客运量（万人次）	总投资（亿元）
济南	BRT-1	2008.4.22	36	—	23	41	620	中央岛式	41	810.8	3765.31	—
	BRT-2	2008.9.26	22	—	13.6	21	733	中央岛式、路边侧式	20			
	BRT-3	2009.4.16	22.4	—	14.4	26	622	中央岛式、路边侧式	21			
	BRT-4	2009.8.27	18.6	—	16.8	16	664	中央岛式、路边侧式	20			
	BRT-5	2009.10.1	37	—	6	48	740	中央岛式、路边侧式	26			
	BRT-6	2009.10.13	27.8	—	21	16	910	中央岛式、路边侧式	28			
	BRT-7	2014.4.16	29.6	—	14.2	31	870	中央岛式、路边侧式	17			
	BRT 摆渡车	2013.5.21	6.2	—	3	3	500	中央岛式	3			
枣庄	B1	2010.08.02	34.5	70	34.5	50	1600	中央侧式、路边侧式	39	1247	1755	3.64
	T1	2011.12.09	30	45	5	28	4000	中央侧式	14			
	T2	2011.12.09	33.5	50		24	5000	中央侧式	8			
	B3	2012.10.01	34	60	34	20	3600	中央侧式	16			
	B4	2012.10.01	11	30	11	6	3700	中央侧式	6			
	B5	2014.01.01	21	40	21	24	3600	中央侧式	10			
	B10	2013.05.01	67	80	37	16	17500	中央侧式	4			
	15	2011.12.09	6	35	—	—	—	—	12			
	25	2012.09.29	6.5	25	—	—	—	—	6			
	35	2012.09.29	9.2	30	—	—	—	—	10			

续上表

城市	线路番号	开通时间	线路长度（公里）	准点时间（分钟）	专用道长度（双向长度，公里）	中间站数量（个）	平均站距（米）	中间站类型	车辆数（辆）	年运营里程（万公里）	年客运量（万人次）	总投资（亿元）
郑州	B1	2009.5.28	31.8	98	63.6	76	859	中央侧式	130	5591.2	25163.9	19.21
	B2	2014-1-26	21	65	31	64	677	中央侧式、路边侧式	36			
	B3	2014-6-26	33	90	66	67	1015	中央侧式、路边侧式	65			
	B3 区间	2014-6-26	17	60	39.2	47	756	中央侧式、路边侧式	33			
	B10	2010-09-13	9.6	33	7.6	31	662	中央侧式、路边侧式	15			
	B11	2009-05-22	20.3	65	11.8	56	752	中央侧式、路边侧式	48			
	B12	2009-05-22	19.5	60	12.8	58	696	中央侧式、路边侧式	65			
	B13	2009-05-22	12.2	40	6.4	42	610	中央侧式、路边侧式	25			
	B15	2009-5-22	14.9	60	11.6	54	573	中央侧式、路边侧式	26			
	B16	2009-05-22	18.5	55	9	53	725	中央侧式、路边侧式	35			
	B17	2009-05-22	15.4	55	3	59	540	中央侧式、路边侧式	42			
	B18	2009-05-22	14.9	50	7	47	662	中央侧式、路边侧式	35			
	B19	2009-05-22	10	26	2.6	34	625	中央侧式、路边侧式	13			
	B20	2010-9-22	17	60	2.4	52	680	中央侧式、路边侧式	44			
	B21	2010-9-22	13.2	35	8	36	776	中央侧式、路边侧式	25			
	B23	2012-6-10	13.5	45	7.4	48	587	中央侧式、路边侧式	23			
	B25	2013-1-26	9.8	33	7.2	28	754	中央侧式、路边侧式	15			

续上表

城市	线路番号	开通时间	线路长度（公里）	准点时间（分钟）	专用道长度（双向长度，公里）	中间站数量（个）	平均站距（米）	中间站类型	车辆数（辆）	年运营里程（万公里）	年客运量（万人次）	总投资（亿元）
郑州	B26	2013-3-26	13	45	3	52	520	中央侧式、路边侧式	26	5591.2	25163.9	19.21
	B27	2014.1.26	8.4	25	1.6	38	467	中央侧式、路边侧式	13			
	B28	2014.1.26	7.8	22	0.84	29	578	中央侧式、路边侧式	12			
	B29	2014.6.26	11.9	35	2.7	40	626	路边侧式	16			
	B30	2014-6-26	17.6	50	34	46	800	中央侧式、路边侧式	30			
	B32	2014.8.26	13.5	45	6.84	47	600	路边侧式	28			
	B33	2014-6-26	7.3	25	14.6	22	730	中央侧式、路边侧式	4			
	B35	2013.6.10	18.2	55	8.54	56	674	中央侧式、路边侧式	20			
	B37	2014.6.26	13.5	55	2.2	57	491	中央侧式、路边侧式	32			
	B38	2014.6.26	16	50	6	55	604	路边侧式	26			
	B50	2014.6.26	12.2	45	3.06	47	542	中央侧式、路边侧式	16			
	B51	2014.6.26	16.5	55	1.8	57	600	中央侧式、路边侧式	21			
	B52	2014.6.26	14.5	45	5.66	37	829	中央侧式、路边侧式	27			
	B53	2006.11.26	15.5	75	10.9	51	633	中央侧式、路边侧式	31			
	B58	2014.6.26	11	35	7.6	28	846	路边侧式	16			
	B59	2014.6.26	10.5	30	2.4	25	913	中央侧式、路边侧式	11			
	B60	2014.6.26	13.6	38	3.44	40	716	中央侧式、路边侧式	32			
	B65	2014.8.26	7.8	25	7.36	29	578	中央侧式、路边侧式	13			

续上表

城市	线路番号	开通时间	线路长度（公里）	准点时间（分钟）	专用道长度（双向长度，公里）	中间站数量（个）	平均站距（米）	中间站类型	车辆数（辆）	年运营里程（万公里）	年客运量（万人次）	总投资（亿元）
郑州	B66	2014.8.20	6.1	20	1.62	25	530	中央侧式、路边侧式	6	5591.2	25163.9	19.21
	B67	2014.8.26	10.8	30	4.68	36	635	中央侧式、路边侧式	22			
	B68	2014.9.26	10.7	35	10.24	35	648	中央侧式、路边侧式	16			
	4	1954–3–1	11.5	45	2.08	35	697	中央侧式、路边侧式	30			
	100	2009.4.26	22	55	4.96	61	746	中央侧式、路边侧式	30			
	129	2007.1.26	17.7	65	2.9	66	553	中央侧式、路边侧式	36			
	206	1997.10.18	12.8	45	4.4	51	522	中央侧式、路边侧式	19			
	213	2001–2–12	7.3	25	1.44	28	562	中央侧式、路边侧式	12			
	263	2006.4.26	22.8	60	16.28	73	642	中央侧式、路边侧式	37			
宜昌	B1	2015.7.15	12.68	46	16.65	22	793	中央岛式	31	2699.62	9053.87	15.76
	B1K	2016.1.1	15.23	35	16.65	13	1281	中央岛式	4			
	B3	2015.7.15	9.56	38	5.28	10	528	中央岛式	14			
	B5	2015.7.15	4.4	23	5.44	6	907	中央岛式	2			
	B6	2015.7.15	11.69	44	5.78	10	578	中央岛式	18			
	B9	2015.7.15	13.8	38	27.6	43	657	中央岛式	36			
	B9K	2015.9.21	13.8	35	27.6	18	1624	中央岛式	2			
	B10	2016.6.26	4.65	11	0.7	1	–	中央岛式	2			
	B16	2015.7.15	10.6	32	4.46	5	892	中央岛式	9			

续上表

城市	线路番号	开通时间	线路长度（公里）	准点时间（分钟）	专用道长度（双向长度，公里）	中间站数量（个）	平均站距（米）	中间站类型	车辆数（辆）	年运营里程（万公里）	年客运量（万人次）	总投资（亿元）
宜昌	B17	2015.7.15	8.32	27	2.89	4	723	中央岛式	8	2699.62	9053.87	15.76
	B20	2015.7.15	6.67	26	2.01	3	670	中央岛式	9			
	B21	2015.7.15	16.8	54	14.75	22	670	中央岛式	21			
	B211	2015.7.15	15.2	50	11.21	17	659	中央岛式	13			
	B27	2015.7.15	16.61	46	3.52	6	587	中央岛式	15			
	B28	2015.7.15	9.6	30	3.2	6	533	中央岛式	6			
	B34	2015.7.15	19.39	55	15.35	18	614	中央岛式	28			
	B37	2015.7.15	22.2	56	3	5	750	中央岛式	18			
	B38	2016.6.26	8.9	34	2.41	3	803	中央岛式	6			
	B63	2015.7.15	10.54	34	8.78	8	549	中央岛式	16			
	B68	2015.7.15	25.97	76	7.8	7	557	中央岛式	27			
	B68K	2015.7.15	25.17	65	7.08	6	590	中央岛式	4			
	B80	2015.7.15	13.48	33	4.39	5	878	中央岛式	4			
	B82	2015.7.15	11.15	23	1.75	3	583	中央岛式	5			
	B90	2015.12.10	7.35	23	2.91	4	728	中央岛式	3			
	B100	2015.7.15	15.06	50	25.2	24	681	中央岛式	35			
	B313	2016.4.28	6.9	18	4.83	6	805	中央岛式	2			
	B333	2016.7.16	3.8	13	1.57	2	785	中央岛式	3			
常德	H1	2012.12.26	21.9	8	41.2	34	746	中央侧式	16	697	1196	2.1
	H2	2014.1.15	27	15	29.6	58	746	中央侧式	16			

续上表

城市	线路番号	开通时间	线路长度（公里）	准点时间（分钟）	专用道长度（双向长度，公里）	中间站数量（个）	平均站距（米）	中间站类型	车辆数（辆）	年运营里程（万公里）	年客运量（万人次）	总投资（亿元）
常德	H11	2012.12.26	14.3	10	5	34	746	中央侧式	10	697	1196	2.1
	H13	2012.12.26	22.4	8	6	52	746	中央侧式	22			
	H15	2012.12.26	16.7	12	10.4	56	755	中央侧式	10			
	H16	2012.12.26	15.5	12	24.7	36	—	中央侧式	10			
	L11	2012.12.26	4.8	30	—	8	—	—	2			
	L12	2012.12.26	4.2	30	—	28	—	—	2			
	L13	2012.12.26	3.5	20	—	2	—	—	2			
	L18	2014.1.15	18	15	—	46	—	—	6			
	51	2014.1.15	17	12	—	18	—	—	10			
中山	B1	2014.1.27	12.6	6–8	28.4	13	1050	中央岛式	21	592.113	1342.574	1.65
	B10	2014.1.27	10.7	6–8	3.8	3	713	中央岛式	19			
	B11	2014.1.27	11	9–11	2.2	2	579	中央岛式	14			
	B12	2014.1.27	11.4	6–8	5.8	2	671	中央岛式	13			
	B13	2014.7.18	12.4	8–12	0.22	1	689	中央岛式	11			
	B15	2014.7.18	8	25–30	1.46	1	500	中央岛式	3			
	B17	2015.10.1	15	30–35	19	9	790	中央岛式	5			

续上表

城市	线路番号	开通时间	线路长度（公里）	准点时间（分钟）	专用道长度（双向长度，公里）	中间站数量（个）	平均站距（米）	中间站类型	车辆数（辆）	年运营里程（万公里）	年客运量（万人次）	总投资（亿元）
柳州	快 1 号线	2013.12.30	29.1	120	44	56	1040	路边侧式	26	1012.44	3600	1
	快 2 号线	2013.12.30	11.6	74	3.6	34	680	路边侧式	12			
	快 3 号线	2013.12.30	13	67	7	32	810	路边侧式	10			
	快 5 号线	2013.12.30	15.3	86	1.7	52	590	路边侧式	12			
	快 6 号线	2013.12.30	10.4	63	4.6	34	610	路边侧式	8			
	快 7 号线	2013.12.30	18.5	63	22	32	1160	路边侧式	7			
	快 8 号线	2013.12.30	12.05	70	7.4	26	930	路边侧式	7			
	快 9 号线	2013.12.30	30.05	128	28.8	70	860	路边侧式	32			
兰州	B1	2012.12.28	9.8	27	12.3	22	680	中央岛式	70	40	4795	22
银川	BRT1 号线	2012.9	21.2	60	21	40	800	中央侧式	80	386.31	3394.02	5.88
乌鲁木齐	BRT1	2011.8.28	17.15	55~58	30.3	21	830	中央岛式	137	2516.12	12954.58	31.55
	BRT2	2012.8.28	11.8	41~37	11.2	16	730	路边侧式	78			
	BRT3	2011.8.28	16.2	70~68	15.6	36	856	中央侧式、路边侧式	107			
	BRT5	2012.12.6	9.3	30~30		22	845	路边侧式	42			
	BRT7	2014.10.30	13.7	42~42	17.8	13	923	路边侧式	76			
	BRT71	2015.8.10	7.9	26~26	11.8		987.5					
	BRT4	2015.12.19	15	49~49	24.8	25	776	中央岛式、中央侧式	43			
	BRT6	2015.12.19	18.54	50~50	34.6	37	843	中央岛式、中央侧式	40